W0293904

Martial Ménard

Petit Guide d'Initiation au Breton

Coop Breizh

ISBN : 978-2-84346-288-7

© Éditions/ *Embannadurioù* Coop Breizh - 2016
Kerangwenn 29540 Spézet/ *Speied*
Tous droits réservés/ *Pep gwir miret strizh.*
© Martial Ménard et An Here pour l'ancienne édition 2002.

Illustrations et mise en page : Yahia Bouaziz
Couverture : Serge Lindier

Sommaire

Introduction 5
La prononciation du breton . . 6

1ère partie

Sur la route 9
La grève 11
Le bar 13
Le temps qui passe 15
De quelle manière compte-t-on en breton ? 19
Les parties du corps 22
La politesse 26
En ville 29
La maison 31
À la campagne 34
Veaux, vaches, cochons 36
La moisson 39
Les arbres 42
Dans les bois 45
Le temps qu'il fait 47
Noms d'animaux donnés aux hommes 50
La musique 53
Les achats 55
Noël 57
Les fêtes de début d'année 59
Les Gras 60
Pâques 62
Être malade 64
La famille 66
À table ! 69
Les repas 71
Les vêtements 73
L'été 76
L'hiver 78
Le travail 80
Le sommeil 82
L'école 85
La lecture 87
Les couleurs 89
Le firmament 92
Les points cardinaux 95
L'informatique 97

2e partie

Langue bretonne : brève histoire et situation actuelle . . . 99
Carte des pays bretons 111
Carte des pays celtiques . . . 112
Tableau comparatif de quelques termes celtiques . . 113
Ouvrages et adresses utiles 114

Introduction

Le titre de ce petit ouvrage le précise bien : c'est un guide, qui plus est, un guide d'initiation. En aucune manière, il ne saurait prétendre être une méthode d'apprentissage et encore moins s'y substituer.

Chaque article traite d'un thème qui est développé plus ou moins longuement tant sur le plan du vocabulaire que sur celui des proverbes et autres expressions populaires qui constituent l'imagier linguistique breton ; on y présente également un petit vocabulaire, des phrases usuelles et bien d'autres choses encore.

La grammaire y est très rarement abordée... En fait, le but de ce petit livre est de faire faire connaissance avec la langue bretonne, dernière langue celtique parlée sur le continent. Ce faisant, l'auteur ose exprimer le souhait qu'une bonne partie de ceux qui auront fait connaissance avec la belle ne sauraient se contenter de ce petit brin de cour... et auront à cœur de l'apprendre.

La deuxième partie de ce livre propose succintement l'histoire de la langue bretonne qui, malgré tout ce qui fut fait pour hâter sa disparition, aborde le troisième millénaire avec plus de défenseurs qu'elle n'en eut jamais ; gageons que tous en deviennent des locuteurs qui la défendront d'autant mieux...

Suite à ce bref historique, on trouvera la carte des pays celtiques, une carte linguistique de Bretagne, un tableau comparatif des différentes langues celtiques ainsi qu'un arbre du groupe de ces langues.

Pour terminer, un petit *vade mecum* contenant adresses de cours de breton, organismes de formation, stages, méthodes d'apprentissage, titres d'ouvrages sur la langue bretonne, titres d'ouvrages simples en breton, adresses de radios bretonnes...

Martial Ménard

La prononciation du breton

Il ne s'agit pas ici de proposer une prononciation détaillée du breton, mais simplement d'aider ceux qui ignorent tout du breton à lire ce petit dico sans trop écorcher les mots…
Le breton accentue les mots sur l'avant-dernière syllabe. Quelques mots sont accentués sur la dernière syllabe, en général ce sont des mots grammaticaux.

Les voyelles et groupes de voyelles

Généralité : elles se prononcent comme en français, sauf dans les cas présentés ci-dessous. Situées devant une consonne voisée comme « g, d, b, v, z », elles sont longues quand elles sont accentuées ; devant une consonne non-voisée comme « k, t, p, ch, f, s », devant un groupe de consonnes ou quand elles ne sont pas accentuées, elles sont brèves. Devant les consonnes doubles « ll, nn, rr », elles sont brèves, alors que devant « l, n, r » seuls, elles sont longues sous l'accent.

a – prononcé généralement comme en français ; nasalisé devant –m, –n et –ñ.

e – prononcé comme le français « é » et parfois comme le français « è » ; nasalisé devant –ñ. Il n'y a pas de « e » muet en breton.

i – prononcé comme en français ; nasalisé devant –ñ.

o – prononcé généralement comme en français, parfois ouvert, parfois fermé ; nasalisé devant –n et –ñ, et parfois devant –m.

u – prononcé généralement comme en français, sauf dans l'article indéfini où il est prononcé « eu » ; nasalisé devant –ñ.

ae – peut se prononcer « aè » ou « è ».

ao – peut se prononcer « ao » ou « o ».

aou – prononcé comme « ow ».

au – ne se prononce pas comme en français, mais en deux sons « a + u ».

eu – prononcé généralement comme en français, sauf dans la graphie **eü** qui indique deux sons « e + u » ; nasalisé devant –ñ.

ou – prononcé comme en français, sauf dans la graphie **oü** qui indique deux sons « o + u ». La graphie **où** se prononce pareil.

Les consonnes et groupes de consonnes

Généralité : elles se prononcent en général comme en français. Le breton ignore les consonnes suivantes : q, x et c. Le « c » se trouve en combinaison dans le « ch » et le « c'h ».
Seules les consonnes « l, m, n, r » sont parfois doublées ; ce doublement indique que la voyelle précédente est brève.
En finale absolue, c'est-à-dire en fin d'un mot non suivi d'un autre, les consonnes voisées (b, d, g, j, v, z) se prononcent comme des consonnes non-voisées, par exemple : le prénom « Yannig » se prononce « Yannik ». Par contre, les consonnes non-voisées (p, t, k, ch, f, s) se prononcent comme des consonnes voisées lorsque, situées en fin d'un mot, ce dernier est suivi d'un autre commençant par une voyelle, par exemple : « mat eo » (c'est bon) se prononce « mad eo ».

ch – se prononce comme en français.

c'h – cette consonne est particulière au breton ; on la compare au « ch » allemand ou au « j » espagnol, lorsqu'elle est placée en fin d'un mot. Au milieu d'un mot elle se prononce plutôt comme un « h » aspiré.

g – il est toujours dur et ne se prononce jamais comme un « j ».

gn – se prononce comme en français.

h – est normalement aspiré en début de mot, mais cette aspiration a tendance à disparaître.

lh – est toujours précédé d'un –i et se prononce à peu près comme dans le français « fille ».

ñ – est toujours précédé d'une voyelle qu'il nasalise : ainsi « oñ » se prononce comme dans le français « bourgeon » et « añ » comme dans le français « autant » ; il n'est donc pas sonné et ne rend pas non plus le « gn » espagnol.

nk – comme dans « parking ».

s – en milieu de mot est toujours dur entre deux voyelles (« kased » se prononce « kassètt »).

v – se prononce comme en français en début de mot ou au milieu d'un mot. En position finale, il se prononce « o » ouvert après un –a, un –e, un –l, un –r, un –n ou un –z ; il se prononce « ou » après un –i.

w – se prononce « ou » comme dans le français « ouate » ; en début de mot peut se prononcer « v ».

zh – se prononce « z » sauf dans le breton vannetais où il se prononce « h » aspiré.

Sur la route

An hent, le chemin, la voie... On peut préciser **an hent bras** pour la route, mais on dit souvent **an hent** tout court ; **an hent-treuz** le chemin de traverse, le raccourci ; **an hent-dall**, le chemin aveugle désigne l'impasse, dit également **hent-bac'h**. Par **hent-bleiz**, le chemin de loup, c'est un chemin impraticable que l'on désigne.

On retrouve le mot **hent** dans le néologisme **gourhent** qui désigne l'autoroute, la voie express comportant plusieurs voies, **ur gourhent peder forzh** : une autoroute à quatre voies. On le retrouve également dans le terme **kroashent**, carrefour, terme composé de **kroaz**, croix et de **hent**.

Quelques phrases usuelles

Pelec'h emañ an hent da Vontroulez ? Où se trouve la route de Morlaix ? **Strizh eo an hent**, le chemin est étroit. **Gouzout an hent**, connaître la route (en breton on se sert là du verbe **gouzout** = savoir, et non du verbe **anavezout** = connaître). **Da belec'h e kas an hent-mañ** ? Où envoie (= conduit) cette route ? **Mont gant an hent**, aller avec la route (= la suivre). **Stanket eo an hent**, la route est bouchée (par un obstacle quelquonque, un embouteillage, etc.) **Kemer penn an hent**, prendre la route (**penn** « tête » se trouve ici pour le

Ur skuber mat a hent,
un bon balayeur de chemin
(un bon marcheur).

début de la route). **Bale war ribl an hent**, marcher sur le bord de la route. **Koll e hent**, perdre sa route. **Ur flipad mat a hent**, un bon bout de chemin.

Troiennoù
(locutions)

An hent gwenn, le chemin blanc, désigne un chemin très fréquenté, **an hent glas**, le chemin vert, en est l'exact contraire. Curieusement, ces deux expressions ont d'autres sens très différents : **an hent glas** s'utilise aussi pour nommer les anciennes voies romaines. **An Hent-Gwenn** est l'un des nombreux termes qui désignent la voie lactée, que l'on nomme plus couramment **Hent-Sant-Jakez**, le chemin de saint Jacques (Saint-Jacques de Compostelle, les pélerins suivant cette direction pour s'y rendre).

D'un bon marcheur on dit que c'est **ur skuber mat a hent**, un bon balayeur de chemin...

Krennlavarioù
(proverbes)

El lec'h ma 'z eus tremen / Ez eus hent pe gwenodenn, là où il y a du passage, il y a un chemin ou sentier (de par son évidence, ce proverbe pourrait être le pendant du français *il n'y a pas de fumée sans feu*). **Seul gent ez eer en hent, seul gent e tegouezher**, plus vite on se met en route, plus vite on arrive.

Troioù-lavar
(expressions)

Debriñ an hent, manger la route (aller lentement). **Lakaat unan bennak en hent**, mettre quelqu'un en route (= le mettre à la rue, sur le pavé). **Troc'hañ hent**, couper de la route (= faire de la route, sans traîner). **Chom dre an hent**, rester par la route (= rester traîner). **Bezañ war hent**, être sur chemin (= déranger, être dans le passage). **Foetañ hent**, fouetter de la route (= parcourir du pays).

La grève

Krennlavarioù (proverbes)

El lec'h m'emañ ar mor emañ ar pesked, là où est la mer sont les poissons (= ce sont les riches qui possèdent l'argent). **D'ar mor ez a ar pesked**, les poissons vont à la mer (= l'argent va chez les riches).

Le terme breton **pesked**, poissons au pluriel, désigne populairement une grande partie de la faune maritime, des coquillages aux cétacés, et il désigne bien entendu les poissons proprement dits. On en a tiré le verbe **pesketa**, qui signifie pêcher et que l'on emploie sans complément ; ainsi, pour dire « pêcher des crabes » on ne dira pas **pesketa kranked**, mais on formera un verbe à partir du pluriel de **krank** (= crabe : **kranked**) : **kranketa**. De même **brennig**, patelles = **brennika**, pêcher des patelles ; **chifretez**, crevettes = **chifretesa**, pêcher des crevettes ; **meskl**, moules = **meskla**, pêcher des moules, etc.

Yezhadur

(grammaire)

Ce procédé permet de former un très grand nombre de verbes bretons qui n'ont pas d'équivalents directs en français, mais qui sont rendus par une périphrase. Ces verbes expriment le fait de chercher, de ramasser, de pêcher, de chasser...

Ainsi, à partir de pluriels ou de collectifs tels que **gedon** (lièvres), **kistin** (châtaignes), **raden** (fougères), **merc'hed** (filles), **paotred** (garçons), on formera les verbes **gedona** :

Troioù-lavar

(expressions)

Pep hini war e besk, chacun sur son poisson (= chacun pour soi). **Kas unan bennak da dreiñ bili d'an aod**, envoyer quelqu'un retourner des galets à la grève (= l'envoyer promener). **Ober morig**, faire petite mer (= faire pipi, pour les enfants). **Bezañ pinvidik evel ar mor**, être riche comme la mer (= très riche, on dit plus couramment **pinvidik-mor** : riche-mer). **Bezañ treitour evel ar mor**, être traître comme la mer.

chasser le lièvre, **kregina** : pêcher des coquillages, **kistina** : ramasser des châtaignes, **merc'heta** : courir les filles, **paotreta** : courir les garçons...

La grève

An aod : on distingue **an aod vev**, la grève vivante (= la partie recouverte par le flux, dite aussi **traezh bev**, sable vivant. La partie qui n'est jamais recouverte est dite **traezh marv**, sable mort. Ce mot **traezh**, sable, a donné le dérivé **traezhenn**, plage (la plage : **an draezhenn**).

La marée

La marée montante se dit **al lanv** et la marée descendante **an tre** (on dit aussi **chal** & **dichal**). L'étale de basse-mer se dit **an daere** et l'étale de haute-mer **ar gourlen** (on dit aussi **izelvor** & **uhelvor**). La grande marée appréciée des pêcheurs à pied se dit **reverzhi** et la marée de morte-eau **marvor**.

Pep hini war e besk,
chacun sur son poisson (chacun pour soi).

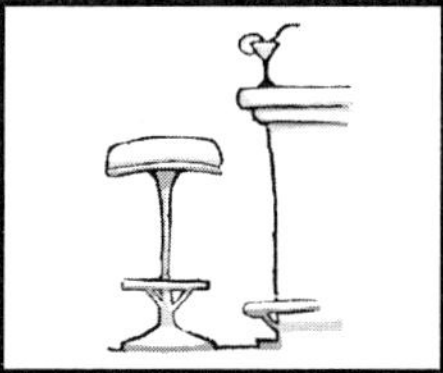

Le bar

Ce bel et convivial endroit se dit **an davarn** ou **an ostaleri**, on reconnaîtra facilement l'origine commune au français « taverne » et « hôtellerie » ; à remarquer que le gallois dit également **tafarn**. Le maître des lieux est **an ostiz**, ou **an tavarnour**, qui correspond à tavernier. Le mot **tavarn** a également donné le verbe **tavarniñ**, rester traîner dans les bistrots.

Les débits de boissons connaissent aussi quelques appellations populaires imagées telles que : **ar chapel** « la chapelle ». Du temps où la messe était courue, il était courant d'entendre dire : **emañ ar merc'hed en iliz hag ar baotred er chapel** « les femmes sont à l'église et les hommes à la chapelle ».

Autrefois l'enseigne des cabarets bretons était un bouquet de lierre : **ur bod iliav**, c'est pourquoi on appelait le bistro **chapel ar bod iliav**, la chapelle du bouquet de lierre ; certains fidèles y faisaient de nombreuses dévotions... Pour rester dans le ton, le comptoir se dit plaisamment **an daol santel** : la sainte table.

Phrases usuelles

Petra 'po ? qu'est-ce que tu auras ? (= qu'est-ce que tu bois ?). **Petra a yelo ganit ?** Quoi ira avec toi ? (= qu'est-ce que tu prends ?). **Ur banne 'po ?** Tu auras un coup ? **Deomp da riñsañ unan**, allons en rincer une (= allons boire un coup). **Ma zro zo**, c'est ma tournée. **Sach war da vanne !** Tire sur ton coup ! (= creuse !).

Les coups à boire

Le coup à boire se dit couramment **banne** ou **bannac'h**. Il a donné les verbes **banneata**,

Krennlavarioù
(proverbes)

Muioc'h a dud a vez beuzet er gwer eget er stêr, plus de gens se noient dans les verres que dans la rivière. **An hini a ziwall e sec'hed a ziwall e yec'hed**, celui qui maîtrise sa soif maîtrise sa santé.

boire de multiples coups, et **eil-banneañ**, boire un deuxième coup.

Le coup de l'étrier, le dernier que l'on boit avant de se quitter se nomme **ar glac'harig** : le petit chagrin. **An digor-kalon**, l'ouvre-cœur (= l'apéritif). Quant au digestif, notre bon lambig local, il connaît une quantité d'appellations : **melenog**, le jaune ; **Marc'harid**, Marguerite ; **louarn kamm**, renard boiteux, etc.

La piquette, **piketez**, a un autre nom : **jamezenn** ; il vient de l'adverbe français « jamais » parce que quand on en tire du fût, on a soin de la remplacer par une quantité égale d'eau, ce qui fait qu'elle ne diminue jamais.

Troioù-Lavar
(expressions)

Kleuziañ gwer, creuser des verres (= les boire). **Ober bos**, faire bosses (= boire à crédit, faire un croum, une ardoise).

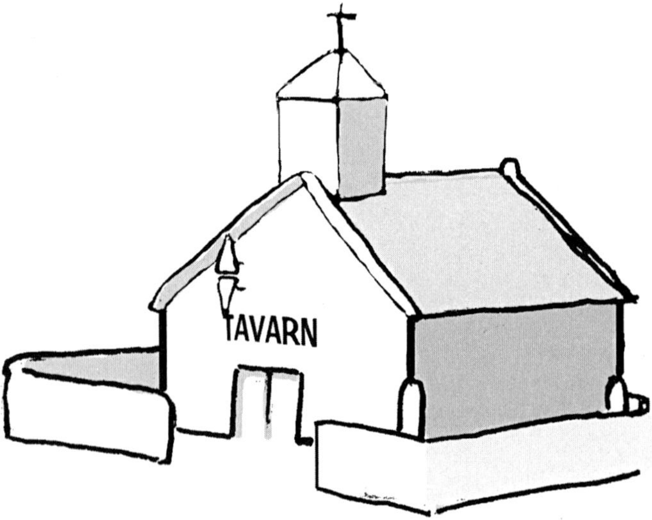

Le temps qui passe...

Les mots qui désignent le temps en breton ont tous plusieurs formes. De même, on connaît en français **jour / journée, an / année**... mais ce n'est pas le cas pour pour **mois, heure, semaine**... Et si certains mots comme **nuitée** survivent en français, ce n'est que dans des acceptions spéciales ou dialectalement, comme en Haute-Bretagne, où le *maodit couroux d'neutée* (le maudit coureur de nuitée) désigne le fêtard impénitent...

Le breton a un système complet et logique : non seulement il possède un suffixe qui indique la durée **-vezh**, mais il peut — et doit — encore rajouter à ce premier suffixe un second qui lui, indique le contenu de la durée **-iad**, lorsque le nom est suivi d'un complément.

Ainsi, si l'on prend le mot **miz** (mois), le mot désigne tout simplement le nom du mois qui suit : **miz Genver** (mois de janvier). Mais si l'on demande combien de temps a duré telle ou telle chose, on doit répondre : **ur mizvezh** (le temps d'un mois) ou **mizvezhioù** (de plusieurs mois). Mais si on veut préciser qu'il reste un mois de travail à effectuer, il faut dire **ur mizvezhiad labour** (le contenu de la durée d'un mois de travail), voire **mizvezhiadoù labour** (le contenu de la durée de plusieurs mois de travail).

On obtient ainsi tout logiquement : **eur, eurvezh, eurvezhiad** = heure, durée d'une heure, contenu de la durée d'une heure. **Noz, nozvezh, nozvezhiad** = nuit... **Sizhun, sizhunvezh, sizhunvezhiad** = semaine... Les mots **deiz** (jour) et **bloaz** (an)

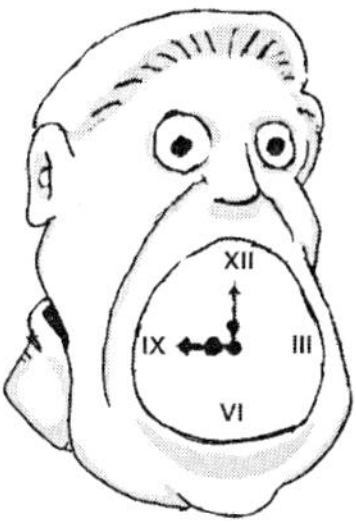

Chom gant e c'henoù digor war nav eur hanter,
rester la bouche ouverte sur neuf heures et demi (rester bouche bée).

subissent une légère transformation lorsqu'on leur ajoute ces suffixes : **deiz** devient **de-** et **bloaz** devient **bloa-** et se transforment régulièrement en **deiz, de-vezh, devezhiad** et **bloaz, bloavezh, bloavezhiad**. C'est ainsi que l'on différencie **ar bloaz nevez** (le nouvel an) et **bloavezh mat !** (bonne année !), **noz vat** (bonsoir) et **nozvezh vat !** (bonne nuit !).

Quelques autres mots qui désignent le temps : **ar beure** ou **ar mintin** (le matin) ; **an enderv** (l'après-midi) ; **an abardaez** (le soir, après quatre heures) ; **an abardaez-noz** (la soirée).

Les jours de la semaine

Là encore, le breton se différencie du français qui ne connaît qu'une forme. Le breton en manie deux : une avec le préfixe **di-** et l'autre sans, qui bien sûr ne s'emploient pas indifféremment.

Sul, disul (dimanche) **Lun, dilun** (lundi) ; **Meurzh, dimeurzh** (mardi) ; **Merc'her, dimerc'her** (mercredi) ; **Yaou, diriaou** (jeudi); **Gwener, digwener** (vendredi) ; **Sadorn, disadorn** (samedi).

Les formes avec **di-** se rapportent à un jour passé ou à venir : **adalek dilun** (à partir de lundi) ; **dimeurzh diwezhañ** (mardi dernier) ; **dimerc'her a zeu** (mercredi qui vient) ; **kenavo diriaou** (au revoir à jeudi)...

Les formes sans préfixe se rapportent au nom du jour sans autre précision, comme on dirait *le lundi je fais ceci*, ce qui équivaut à dire qu'on le fait en général tous les lundis. **Al Lun vintin** (le lundi matin) ; **bep Meurzh** (chaque mardi) ; **hiziv emañ ar Gwener** (nous sommes vendredi)...

À noter que cette forme prend une majuscule en breton. Les noms des jours sont également sujets à la règle des suffixes **-vezh** et **-iad** : **ur yaouvezh hir** (une longue journée de jeudi) ; **meurzhvezhioù diaes** (des mardis difficiles) **ul lunvezhiad labour** (un plein lundi de travail) ; **sulvezhiadoù plijadur** (des dimanches de plaisir).

Troioù-lavar (expressions)

Lakaat an noz da astenn an deiz (mettre la nuit à rallonger le jour = travailler la nuit si on n'a pas réussi à finir son travail le jour).

Lorsque l'on n'a pas vu quelqu'un depuis longtemps, on dit, par exagération **abaoe bloavezh an erc'h du** (depuis l'année de la neige noire). Dans l'autre sens on renvoie à **gouel sant Bikenig** (la fête de saint Jamais) les choses que l'on est guère pressé de voir ; cette expression traduit assez bien les « calendes grecques ».

Comptine

Il existe une comptine chantée pour apprendre les jours de la semaine aux enfants :

Dilun, dimeurzh, dimerc'her
A yao 'ta ! A yao 'ta !
A yao 'ta ! A yao 'ta !
Dilun, dimeurzh, dimerc'her
Ha diriaou ha digwener.
Ha disadorn ha disul
A yao 'ta ! A yao 'ta !
A yao 'ta ! A yao 'ta !
Ha disadorn ha disul
Setu echu ar sizhun !

Les mois

Genver (janvier), **C'hwevrer** (février), **Meurzh** (mars), **Ebrel** (avril), **Mae** (mai), **Mezheven** (juin), **Gouhere** (juillet), **Eost** (août), **Gwengolo** (septembre), **Here** (octobre), **Du** (novembre), **Kerzu** (décembre).

Remarquer que, contrairement au français, les noms des mois prennent une majuscule. Le mois de juin, **Mezheven**, est parfois réduit en **Even** ; **Gouhere**, juillet, peut s'écrire **Gouere**. Les deux derniers mois de l'année, **Du** et **Kerzu**, sont souvent regroupés sous l'appellation **ar mizioù du** : les mois noirs.

Une étymologie populaire a fait voir les mots **gwenn** et **meur** (**Gwennveur** = le grand blanc) dans **Genver**, ce qui est très poétique mais totalement irrecevable : le mot est de même origine que ses confrères européens.

Pet eur eo ?
(quelle heure est-il ?)

Le mot **eur** se place tout de suite après le chiffre : **dek eur** (10 h). On place les minutes après **unnek eur ugent** (11 h 20). Le mot **hanter** (moitié, demi) se place aussi tout de suite apres **eur** : **nav eur hanter** (9 h et demi). Pour le quart, **kard** en breton, il faut intercaler une préposition, comme en français : **seizh eur ha kard** (7 h et quart), **pemp eur nemet kard** (5 h moins le quart). Suivant le matin, l'après-midi ou le soir on précise : **da eizh eur beure** (à 8 h du matin), **da ziv eur goude merenn** (à 2 h de l'après-midi), **da zek eur noz** (à 10 h du soir).

Krennlavarioù (proverbes)

C'hwevrerig, c'hwezh, c'hwezh / A lazh ar voualc'h war he neizh (petit février qui souffle, souffle, tue le merle dans son nid). **Ar ran a gan a-raok miz Ebrel / A ve gwelloc'h dezhañ tevel** (la grenouille qui chante avant le mois de mai ferait mieux de se taire). **Miz Meurzh gant he morzholoù / A zo ker gwazh hag an Ankoù** (le mois de mars avec ses averses est pire que l'Ankou). **Ebrelig divaskell an hañv / A lak ar goukoug da ganañ** (petit avril ailes de l'été, fait chanter le coucou).

Midi se dit **kreisteiz** et minuit **hanternoz**, sauf dans le breton du pays de Vannes où l'on dit **kreiznoz**.

La seconde se dit **eilenn**, bien que l'emprunt français bretonnisé **segondenn** soit courant. La minute : **munutenn**.

Il existe des réponses burlesques lorsque l'on demande l'heure : **An eur da lakaat anezhi** (l'heure de la mettre). **Lost ma roched nemet kard** (la queue de ma chemise moins le quart).

An oad (l'âge)

On exprime l'âge à l'aide du verbe **bezañ** (être) **pe oad out ?** (quel âge es-tu ?) ; **daou vloaz warn-ugent on** (je suis vingt-deux ans).

An deiziad (la date)

Il ya deux manières de donner la date : avec ou sans le mot **miz** (mois). **An dek a viz Genver** (le dix du mois de janvier) ou **an dek a C'henver** (le dix de janvier). Et puisque nous sommes en fin de siècle et même de millénaire, autant savoir que le premier se dit **kantved** (à partir de **kant**, cent) et le deuxième **milved** (à partir de **mil**, mille).

Ar c'houlzoù amzer

(les saisons)

Si l'été et l'hiver ont les mêmes noms partout : **an hañv** (l'été), **ar goañv** (l'hiver), il n'en va pas de même pour le printemps et l'automne : généralement on emploie les termes **nevezamzer** (temps nouveau = printemps) et **diskaramzer** (temps sur le déclin = automne), mais beaucoup d'autres termes ou expressions, dont certains poétiques : pour l'automne **ar skub-delioù** (le balaye-feuilles), **ar razarc'h** (plein le coffre de blé), **an dibenn-eost** (la fin de la moisson), **an dilost-hañv** (la queue de l'été), **diskar ar bloaz** (le déclin de l'année), **diskar an hañv** (le déclin de l'été) ; et, pour le printemps **beg an hañv** (le bec = le début de l'été), **an digor-amzer** (l'ouverture du temps), **an nevezhañv** (le nouvel été).

Troioù-lavar (expressions)

Bezañ ganet d'ar sadorn da noz (être né le samedi soir = ne pas faire preuve d'une grande finesse d'esprit. On peut en rajouter : **goude ar c'hrampouezh** = après les crêpes, ce qui n'arrange rien !).

Hennezh zo yaouank an deiz gantañ (celui-là, le jour est jeune avec lui = c'est un jeunot, un blanc-bec). **Chom gant e c'henoù digor war nav eur hanter** (rester la bouche ouverte sur neuf heures et demi = rester bouche bée). **Bezañ sichant evel heol miz Mae** (être joyeux comme le soleil du mois de mai = être très joyeux).

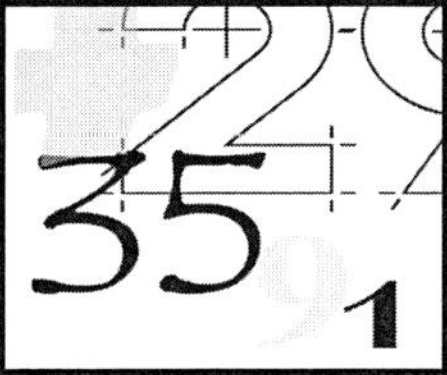

De quelle manière compte-t-on en breton ?

Dans l'apprentissage d'une langue, un des obstacles les plus difficiles à franchir est celui de compter. Les chiffres sont même, dans le processus de disparition d'une langue, parmi les premiers mots à disparaître ; c'est ainsi que souvent, on entend de très bons bretonnants énoncer les chiffres en français.

Les chiffres

0, **mann** – 1, **unan** – 2, **daou** (masc.) **div** (fém.) – 3, **tri** (masc.) **teir** (fém.) – 4, **pevar** (masc.) **peder** (fém.) – 5, **pemp** – 6, **c'hwec'h** – 7, **seizh** – 8, **eizh** – 9, **nav.**

Les nombres

Les nombres de 11 à 19 sont construits en prenant les chiffres de 1 à 9 et en leur ajoutant une forme évoluée de **dek** (10). 11, **unnek** – 12, **daouzek** – 13, **trizek** – 14, **pevarzek** – 15, **pemzek** – 16, **c'hwezek** – 17, **seitek** – 18, **triwec'h** – 19, **naontek.**

Seul 18 échappe à la règle, puisque qu'il est compris comme étant **tri (c'h)wec'h** (3 x 6). Toutefois l'ancien état de langue possédait une forme régulière **eitek.** Une autre forme a également existé en vieux-breton **dou nau** (2 x 9), elle s'écrirait maintenant **daounav**. Cette forme existe toujours en gallois : **deunaw**.

Les dizaines

10, **dek** – 20, **ugent** – 30, **tregont** – 40, **daou-ugent** – 50 **hanter-kant** – 60, **tri-ugent** – 70, **dek ha tri-ugent** – 80, **pevar-ugent** – 90, **dek ha pevar-ugent** – 100, **kant.**

La base 20

En observant les nombres 40, 60 et 80 on s'aperçoit qu'ils constituent tous des multiples de 20 (**ugent**), c'est que l'on compte en breton en base 20, et ce jusqu'à 480 (= 19 x 20). Ce n'est pas l'apanage de la langue bretonne, puisque le français connaît également 80 (= 4 x 20) dans la langue moderne, et connut autrefois 300 (= 15 x 20), cf. l'Hôpital des Quinze-vingts, ainsi nommé parce qu'il comptait trois cents lits. Les autres

Rimadell (comptine)
Un, daou, tri
Staget mat ar c'hi
Toñtoñ Jañ-Mari !

langues celtiques comptent également ainsi, ou du moins comptaient, car elles ont délaissé ce système au profit du système décimal. Le breton a également mis au point un système décimal basé sur le mot **kont** qui se trouve dans **tregont**. Ainsi l'on a 10 (**dek**), 20 (**ugent**), 30 (**tregont**), 40 (**pergont**), 50 (**pemont**), 60 (**c'hwegont**), 70 (**seikont**), 80 (**eikont**), 90 (**naogont**), 100 (**kant**). Si certains traditionalistes s'en offusquent, on peut rappeler que l'ancienne langue avait le terme **pimmunt** pour 50, et que, bien souvent, ce que l'on croit être ancien est relativement récent dans l'histoire des langues.

Il est d'usage en français de placer après le chiffre des unités le nom des choses que l'on compte... en breton aussi, à ceci près que là le chiffre qui marque l'unité ne suit pas celui qui marque la dizaine, mais la précède, dans l'ancien système... Ce qui complique un peu le travail du néophyte dès que l'on dépasse le nombre 20. Ainsi **div skol** (deux écoles) **pevar levr** (quatre livres), mais **div skol ha tregont** (32 écoles : deux écoles et trente), **pevar levr ha kant** (104 livres : quatre livres et cent). Dans le système décimal moderne ceci se simplifie en **tregont div skol** (32 écoles) ha **kant pevar levr** (104 livres). On remarquera qu'après un chiffre ou un nombre, le nom des éléments comptés reste au singulier : le pluriel des deux termes **skol** et **levr** est **skolioù** et **levrioù**, mais on dit **pemp levr**, **teir skol** et non pas **pemp levrioù** ou **teir skolioù**...

Les grands nombres

Toutefois, lorsque l'on a affaire à un grand nombre, on préfère généralement le faire suivre d'un nom au pluriel, mais celui-ci sera toujours précédé de la préposition **a**. On dira **pemp kant milion a dud** (500 000 000 de personnes) plutôt que **pemp kant milion den**. Ce système peut également être employé pour de petites quantités : **pemp**

Troioù-lavar (expressions)

Lazhañ div voualc'h gant un tenn (tuer deux merles du même coup de fusil = faire d'une pierre deux coups). **Kontañ tri, pevar ha nav** (compter trois, quatre et neuf = raconter des choses sans queue ni tête). **Kas ar c'hant da bevar-ugent** (envoyer le cent à quatre-vingts = se ruiner peu à peu). **Gwelet pemp heol o parañ** (voir briller cinq soleils = voir trente-six chandelles). **Klask pemp troad d'ar maout** (chercher cinq pattes au bélier = chercher midi à quatorze heures). **C'hwezh ar pemp kant** (l'odeur de 500 = très mauvaise odeur). **Ober un dra bennak a-bempoù** (faire qqch. par cinq = cochonner un travail).

a baotred o deus bet (ils ont eu cinq garçons).

Quelques particularités

On trouve le chiffre *deux* dans le verbe **etredaouiñ**, qui signifie littéralement *être entre deux*, c'est-à-dire ne pas trop savoir quoi faire, hésiter. Le chiffre *sept* se retrouve lui dans l'adjectif **seizhdaleetoc'h** qui signifie *retardé, embarrassé.*

L'archétype du simplet est en breton **Yann Seitek** (Jean dix-sept), auquel, dit-on, il manque toujours dix-huit pour faire dix-neuf.

Krennlavarioù

(proverbes)

Etre daou e ya mat / Etre tri ne ya mui (Entre deux ça va / Entre trois ça ne va plus). **El lec'h ma vez tri / E vez toull an ti** (Là où on est trois / La maison est percée) c'est-à-dire qu'un secret n'est bien gardé qu'entre deux personnes.

Klask pemp troad d'ar maout,
chercher cinq pattes au bélier
(chercher midi à quatorze heures).

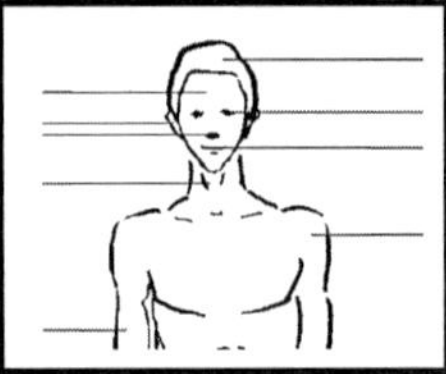

Les parties du corps

Commençons par la tête : **ar penn**, les Bretons ont la particularité (linguistique s'entend...) d'avoir deux têtes : **ar penn a-raok** (la tête de devant) et **ar penn a-dreñv** (la tête de derrière) qui elle désigne... le postérieur. Lorsque l'on ne précise pas, il s'agit de la tête proprement dite.

On y trouve les cheveux **ar blev**. Ceux-ci peuvent être **melen** (jaunes = blonds), **ruz** (rouges = roux), **glas** (bleus = poivre et sel), **gwenn** (blancs), **du** (noirs). **An tal** (le front), **ar fri** (le nez), **lagad** (œil, mais **an daoulagad** les yeux), **jod** (joue, mais **an divjod** les joues), **an elgezh** (le menton, dit aussi par endroits **ar chik** ou **ar groñj**), **skouarn** (oreille, mais **an divskouarn** les oreilles), **ar gouzoug** (le cou, souvent abrégé en **goûg**), **ar genoù** (la bouche, dite aussi **ar beg**), **an teod** (la langue), **an dent**, (les dents), **ar staoñ** (le palais), **gweuz** (lèvre, mais **an diweuz** les lèvres, dites plus souvent **ar muzelloù**), **ar malvennoù** (les paupières), **abrant** (sourcil, mais **an divabrant** les sourcils), **ar c'hilpenn** (la nuque), **an daouividig** (les tempes).

Piège

Si en français le mot **langue** a deux significations : l'organe et le parler, le mot **teod** ne désigne en breton que l'organe. Pour le parler on dit **yezh**.

Une des particularités grammaticales du breton

Les parties du corps allant de paire connaissent une forme de pluriel qui leur est propre : le duel. Ainsi le mot est précédé du chiffre deux **daou**, au masculin, et **div** au féminin. Les oreilles se disent donc **an divskouarn** et les yeux **an daoulagad**, **an divjod** (les joues), etc. Une forme régulière de pluriel telle que **skouarnioù** existe, mais elle désigne les anses d'un récipient, de même que **lagadoù** désigne les yeux du bouillon. Deux exceptions toutefois, **troad** donne un pluriel interne **treid** et **dorn** a un duel irrégulier **daouarn**, mais les formes régulières **daoudroad** et **daouzorn** sont correctes, elles comportent une nuance qui insiste plus sur le chiffre deux.

Noms de personne dérivés

En rajoutant le suffixe **-eg** (**-ec**, dans l'écriture à la française) aux parties du corps on forme beaucoup de noms de famille très communs. Ce suffixe a pour sens : *remarquable par*. Ainsi les personnes nommées **Skouarneg** (Scouarnec) durent avoir un ancêtre remarquable par la taille de ses oreilles, de même **Frieg** : qui a un grand nez, **Troadeg** (qui a des grands pieds), **Skoazeg** (qui a de larges épaules), **Kofeg** (qui a un gros ventre). **Penneg**, **Lagadeg, Danteg, Taleg** sont des patronymes très portés.

Le corps se dit **ar c'horf**, et comprend comme en français le tronc, la tête et les membres. **Ar c'horf-bras** (le grand corps) désigne le tronc, auquel se rattachent **an izili** (les membres, pluriel de **ezel**). Les bras, **an divrec'h**, duel de **brec'h** et les jambes, **an divhar**, duel de **gar** ; celles-ci sont désignées par endroits par le duel **divesker** qui n'a pas de singulier.

An izili krec'h hag an izili traoñ
(les membres supérieurs et inférieurs)

Le bras comprend : la main **an dorn**, le poignet **an arzorn**, l'avant-bras **an arvrec'h**, le bras proprement dit **ar vrec'h**, le coude **an ilin** et l'épaule **ar skoaz**.

La jambe comprend : le pied **an troad**, la cheville **an ufern**, la jambe proprement dite **ar c'har**, le genou **ar glin**, la cuisse **ar vorzhed**. Le mollet se dit **ar c'hof-gar** : *le ventre de la jambe*, **ar c'hein-gar** : *le dos de la jambe* désignant le devant de celle-ci. Le duel de **gar** est **divhar** ou **divesker**.

Krennlavarioù ha lavaroù
(proverbes et dictons)

An hini zo lemm e deod a rank bezañ kalet kostez e benn (celui dont la langue est pointue doit avoir le côté de la tête dur = celui qui dit sans ambages ce qu'il pense doit s'attendre à recevoir les gifles conséquentes à ses dires). **Lagad a dalv teod** (L'œil vaut la langue = la présence suffit parfois, il est inutile de parler).

Kofoù diroufenn, kofoù seder (ventres sans rides, ventres sereins). **N'ec'h eus ket mezh / Gwelet da revr en daou bezh ?!** (tu n'as pas honte de voir ton derrière en deux morceaux ?! Expression burlesque et rimée que l'on dit aux enfants).

Troioù-lavar (expressions)

Bezañ un troad leue en e c'henoù, avoir un pied de veau dans la bouche (= être sot). **Reiñ dorn**, donner la main (= aider). **Gwalc'hiñ daouarn unan bennak**, laver les mains de quelqu'un (= lui graisser la patte). **Sec'hañ an eil dorn gant egile**, sécher une main avec l'autre (= joindre les deux bouts). **Plegañ ar vrec'h**, plier le bras (= lever le coude). **Bezañ tomm e zorn**, avoir la main chaude (= être enclin à voler). **Ober gar**, faire jambe (= décamper).

Ar bizied (les doigts)

Ar biz-meud (le pouce), **ar biz-yod** (le doigt à bouillie = l'index), **ar biz-bras** (le grand doigt = le majeur), **ar biz-gwalenn** (le doigt à bague = l'annulaire, dit aussi **biz ar bizoù**, de même sens), **ar biz-bihan** (le petit doigt).

Le français **bijou** est un dérivé du breton **biz**. Si le breton a le mot **gwalenn** pour désigner une bague, il connaît aussi le mot **bizoù**.

An dorn (la main)

Populairement la main droite, **an dorn dehou**, est surnommée **an dorn mat** (= la bonne main) et par conséquent la main gauche, **an dorn kleiz**, est elle surnommée **an dorn fall** (la mauvaise main).

Krennlavarioù
(proverbes)

Teod hir ha dorn berr (longue langue et main courte), s'adresse à ceux et celles qui en disent plus qu'ils n'en font. Ce proverbe a été malicieusement détourné à l'attention des hommes qui se vantent de multiples conquêtes amoureuses : **teod hir ha piti berr**, pas besoin de traduire le terme **piti**.

Ar c'horf-bras

Ar bruched (la poitrine) avec **an divronn** (les seins ; c'est le duel de **bronn** (sein) pour lequel on emploie également le pluriel simple **bronnoù**, mais dans un sens moins décent) **Ar c'hein** (le dos) et **ar c'hof** (le ventre), sur lequel se trouve **ar begel** (le nombril) que l'on nomme familièrement **ar bouton kof** (le bouton du ventre) ou **ar bouton krampouezh** (le bouton à crêpes) ! Le bas-ventre **ar c'hof-bihan** (le petit ventre) avec les parties génitales **ar gaezourenn**, dont pour l'homme **ar c'halc'h** et pour la femme **ar c'hourzh** qui sont les deux termes académiques, la langue populaire en ayant d'autres plus imagés... De l'autre côté **ar revr** le postérieur dit également plus humoristiquement **penn a-dreñv** (tête de derrière) qui comprend **ar peñsoù** (les fesses) également dénommées, suivant les régions, **an tersoù** ou **an divfeskenn** (duel de **feskenn**).

Troioù-lavar
(expressions)

Chom e fri war ar gloued (rester le nez sur la barrière) *rester le bec dans l'eau.* **Bezañ dir war e dal** (avoir de l'acier sur le front) *ne pas avoir froid aux yeux.* **Ober kozh kroc'hen** (faire une vieille peau) *faire de vieux os, vivre vieux.* **Bezañ sec'h e gein** (avoir le dos sec), c'est faire preuve d'une grande radinerie.

Noms de plantes et autres termes

Skouarn-an-ozhac'h-kozh (l'oreille du patriarche) désigne l'achillée ; **daoulagad-ar-Werc'hez** (les yeux de la Vierge) le myosotis ; **blev-diaoul** (les cheveux du diable) la cuscute. **Teod-ejen** (la langue de bœuf) désigne une sorte de plantain et **teod-karv**, (la langue de cerf) une fougère qui pousse sur les vieux murs, la scolopendre.

Quant aux **teodoù-kazh** (langues de chats) ce ne sont pas des gateaux secs, mais des petites soles. Les aiguilles de glace qui l'hiver pendent des toits sont appelées **dent-Genver** (dents de janvier) et un gros morceau de feldspath dans le granit se nomme **dant-bleiz** ou **dant-marc'h** (dent de loup ou dent de cheval).

Bezañ un troad leue en e c'henoù,
avoir un pied de veau dans la bouche.

Troiennoù
(locutions)

Dorn-Doue (la main de Dieu) : le destin. **Bizied ar gernez** (les doigts de la cherté) : désigne les personnes trop regardantes, peut s'employer comme insulte. **Daouarn drouk**, (méchantes mains) s'adresse à ceux qui cassent tout.

Lagad an deiz (l'œil du jour) est une métaphore poétique qui désigne le soleil. **Lagad-bleiz** (l'œil du loup) est l'une des nombreuses appellations de l'arc-en-ciel. **Ul lagad ejen** (un œil de bœuf) est en français une espèce de fenêtre ronde, mais en breton c'est une grande pièce de monnaie, généralement de cinq francs, comme quoi il faut se méfier dans les traductions ! Quant à **pevar lagad** (quatre yeux) c'est la dénomination populaire des lunettes que l'on retrouve dans l'exclamation qui souligne l'étonnement le plus complet : **biskoazh kement all, pevar lagad d'ur marc'h dall** ! (Jamais encore, des lunettes à un cheval aveugle !)

La politesse

Il est souvent question de la politesse dans les discussions sur la langue bretonne : comment dit-on « bonjour », « bonsoir », « au revoir » ? Il paraît qu'on ne dit pas « merci » en breton... Les Bretons sont tout aussi polis que n'importe qui, mais à leur manière, même si la politesse française a tendance à prendre le pas sur la tradition bretonne.

Les méthodes d'apprentissage donnent le mot **demat** pour traduire le français « bonjour ». C'est un mot ancien que l'on retrouve dans plusieurs textes moyen-bretons. Il est composé de **deiz** : jour et **mat** : bon, et était employé dans des locutions telles que **demat deoc'h**, bonjour à vous, **demat dit**, bonjour à toi, et on peut toujours l'employer avec la plus grande correction. On l'employait aussi dans la locution **demat gouloù** : jour bon et brillant ; elle ferait aujourd'hui un peu surannée et désuète. On emploie aussi **devezh mat** qui signifie bonne journée. L'assertion qui affirme que **demat** est un décalque du français n'est donc pas fondée.

Pour « bonsoir » on dit tout simplement **noz vat**, qu'il ne faut pas confondre avec **nozvezh vat** qui signifie « bonne nuit ».

L'adverbe **kenavo**, « au revoir » est tellement connu qu'il arrive de l'entendre hors de Bretagne ; sa traduction littérale est « jusque ce sera » ; il est parfois prolongé : **kenavo ar wech all**, kenavo la prochaine fois ; **kenavo d'ar c'hentañ gweled**, kenavo à la première vue (= à la « revoyure »), cette dernière locution s'emploie parfois seule : **d'ar c'hentañ gweled !** Si l'on sait quand on se reverra on dit : **kenavo warc'hoazh !** À demain ! **Kenavo dilun !** À lundi !

Au lieu de **kenavo** on entend parfois une forme plus longue : **kenavezo**, voire une forme plus courte : **keno** et même **ken'**, mais cette dernière est toujours suivie d'un complément de temps : **ken disul !** À dimanche !

Salutation

L'habitude actuelle est de saluer quelqu'un en lui posant une question sur ce qu'il est en train de faire ou en le branchant météo. Ainsi, croisant quelqu'un, on l'apostrophe : **Emaoc'h o**

vont ? Vous y allez ? **Echu eo an devezh ?** La journée est finie ? **Glav zo ganti, 'm eus aon !** J'ai bien peur que le temps soit à la pluie !

Les formules de salutation habituelles sont les suivantes : **Mont a ra ?** ça va ? **Penaos 'mañ kont ?** comment est le compte ? (on répond plaisamment, pour la rime : **etre karrez ha ront !** = entre carré et rond) **Penaos 'mañ ar bed ganit ?** comment est le monde avec toi ? **Mat ar jeu ?** le jeu est-il bon ? **C'hoari a ra** ? ça joue ? **Penaos ac'hanoc'h ?** comment de vous ? **Penaos e rit ?** comment faites-vous ?

Voici quelques-unes des réponses que l'on peut faire : **Derc'hel a ra da vont**, ça continue à aller ; **Mat a-walc'h**, assez bien ; **Mat-tre**, très bien ; **Fall-put**, très mal ; **Eus ar c'hentañ**, du premier (= on ne peut mieux).

Le terme français **merci** est d'origine religieuse et est passé depuis longtemps dans le langage courant. Le breton **trugarez** est également d'origine religieuse et a toujours cette connotation de « pitié, grâce, miséricorde, compassion ». Mais il a depuis longtemps le sens de « merci, remerciement » ; on emploie aussi volontiers le verbe correspondant **trugarekaat** dans les mêmes sens. On emploie également la locution **bennozh Doue !** : bénédiction de Dieu. Mais ces remerciements ne sont pas mis à toutes les sauces comme en français où l'on se remercie à tout bout de champ. L'influence du fran-

çais se fait de plus en plus sentir, jusque dans l'emploi de l'emprunt **mersi**, parfois **mersi bras** : grand merci. On répond à ces formules de remerciement : **netra 'bet**, rien du tout (= de rien).

Mar plij ganeoc'h (ou **ganit**) signifie « s'il vous plaît » ou « s'il te plaît ». On dit souvent plus simplement **mar plij** tout court. Cette locution s'emploie parfois ironiquement quand on s'adresse à quelqu'un qui s'est mis en frais ou quand on parle de lui.

À la vôtre !

Yec'hed mat ! L'expression est connue et plus que courante... C'est littéralement **santé bonne**. Le mot **yec'hed** a donné le verbe **yec'hediñ** : boire à la santé (de quelqu'un), **yec'hediñ da unan bennak**. On dit aussi **lavaret yec'hedoù**, dire des santés : porter des toasts. En trinquant on prononce cette formule rimée : **yec'hed mat d'an holl / Hemañ zo 'vont da goll !** bonne santé à tous, celui-ci (de coup à boire) va à sa perte ! En général, ça met de bonne humeur...

Formules de politesse diverses

Si l'on a peur de choquer quelqu'un par une parole que l'on estime peu conforme à la décence, on rajoute de suite **resped deoc'h !** (respect à vous = sauf votre respect !).

Lorsqu'on parle d'une personne décédée, on rajoute **Doue d'e bardono** (que Dieu lui pardonne) si c'est un homme ou : **Doue d'he fardono**, si c'est une femme.

À quelqu'un qui vient d'éternuer, on dit : **Doue d'ho kresko bras !** Que Dieu vous fasse devenir grand ! Burlesquement, et bien moins dévotement on dit aussi : **butun marc'hadmat !** C'est du tabac bon marché ! (Il est question de tabac à priser qui fait éternuer.)

Tutoiement et vouvoiement

La chose est compliquée et varie suivant les contrées : conformez-vous à l'usage local ! « Tu » se dit **te** et « vous » se dit **c'hwi**. Ils ont donné deux dérivés, **teal** et **c'hwial**, tutoyer et vouvoyer. Certains endroit ignorent totalement le tutoiement, par contre **c'hwi** est employé partout.

En ville

E kêr, en ville, et non **er gêr** : à la maison... **Tud zo e kêr** ! il y a du monde en ville... **e-leizh ar straedoù** : plein les rues. Le mot **straed** a également la signification de chemin de campagne et pour les rues des villes on emploie aussi l'emprunt français **ru**.

Treuziñ ar straed, traverser la rue. **Ar gouleier**, les feux (**ar gouloù ruz** : le feu rouge, **ar gouloù orañjez** : le feu orange, **ar gouloù gwer** : le feut vert). Du verbe **treuziñ**, traverser, on a tiré le mot **treuzenn**, le passage pour piétons, les clous. De chaque côté de la rue, le trottoir : **ar riblenn-straed**, mais on dit plus couramment **ar riblenn**. Le carrefour se dit **ar c'hroashent**, mot composé de **kroaz**, croix et **hent**, chemin. Quant au mot place, il est traduit par **leur-gêr** ou, très souvent, par **plasenn**.

Parkañ ar c'hirri, garer les voitures... Pour cela, au « français » parking, répond le breton **parklec'h** ; ce peut être **ur parklec'h danzouar**, un parking souterrain.

Les principaux bâtiments

An ti-kêr, la mairie, ou plus pompeusement l'hôtel-de-ville... **An ti-post**, la poste ; **an ti-skol**, l'école ; **an ti-bank**, la banque. Beaucoup de ces mots qui sont composés à partir de **ti** sont souvent employés sans celui-ci. Ainsi on dit également **mont d'ar post**, aller à la poste, **d'ar bank**, à la banque, **d'ar skol**, à l'école (et plus tard, **d'ar skolveur** : à la fac !).

Là où il y en a, la préfecture : **ar prefeti** ; ce mot est construit de **prefed** et de **ti**. Pour rester dans le même genre : **an archerdi**, la gendarmerie et **ar c'homiserdi**, le commissariat. **An ospital**, l'hôpital ; **ar porzh-houarn**, la gare ; **al levraoueg**, la bibliothèque ; **an iliz**, l'église ou, selon, **an iliz-veur**, la cathédrale et... **ar vered**, le cimetière.

Le théâtre : **ar c'hoariva**, (très vieux terme breton : **guarima** qui nous permet de rappeler au passage que quelques termes ayant trait au théâtre sont connus en vieux-breton). On a bien lancé un terme breton pour traduire le mot **cinéma**(**tographe**) : **fiñvskeudennerezh**, mais il n'a pas fait florès, et l'on dit plus couramment **mont d'ar sinema**. Le musée, **ar mirdi** (du verbe **mirout**, garder et **ti**) **mirdi an arzoù-kaer**, le musée des beaux-arts, **mirdi Breizh Roazhon**, le musée de Bretagne de Rennes, **mirdi ar ragistor**, le musée de la préhistoire...

Le mot **kreizenn**, centre, est assez courant, vous le rencontrerez par exemple dans **kreizenn an tailhoù** (le centre des impôts, la perception), mais peut-être l'exemple est-il mal venu ! Restons-en donc au **kreizenn-genwerzh** : le centre commercial.

La maison

La maison, **an ti**, au pluriel **tiez**, signifie maison en tant que construction. Mais on emploie également le mot **kêr** dans certaines expressions comme **bezañ er gêr** (être à la maison) ou **mont d'ar gêr** (aller à la maison). Ce mot **kêr** signifie également ville. Le dérivé **tiegezh** désigne la famille, (celle qui habite la maison, et non la famille au sens large), le même mot désigne également l'exploitation agricole par extention de sens.

On retrouve le mot **ti** dans une quantité de mots composés comme **an ti-post** (la poste), **an ti-bank** (la banque), **an ti-annez** (la maison où l'on habite, par opposition aux dépendances de la ferme : **ti-laezh** = laiterie, etc.), **an ti-kêr** (la mairie), **an ti-skol** (l'école), **an ti-plouz** (la chaumière). Également **Ti an holl** (la maison pour tous), **ti ar re gozh** (le foyer du troisième âge). Quant au **ti-fall** (la mauvaise maison), c'est tout simplement la maison close...

Une autre sorte de composés donne des mots comme **karrdi**, qui ne désignait autrefois que le hangar des charrettes, et qui maintenant désigne le garage (on y reconnait le terme **karr**, charrette, voiture et **ti** muté en **di**).

Lec'hanvadurezh
(toponymie)

En toponymie on trouve souvent les noms de lieux **ti glas** et **ti ruz** (maison bleue et maison rouge). Ceci réfère à la couverture, **an ti glas** étant couverte d'ardoises et **an ti ruz** étant couverte de tuiles. On trouve **ti** également dans le composé **klañvdi**, que l'on emploie dans la langue moderne pour désigner l'hôpital, mais qui désignait autrefois plus spécialement une léproserie.

Particularités grammaticales

Le mot **ti** s'emploie assez couramment sans article, ainsi on dira aisément **sevel ti** (contruire maison = une maison) ou **prenañ ti**

Krennlavarioù (proverbes)

Gwell eo un ti bihan bouedek / Eget un ti bras hag avelek, il vaut mieux une petite maison bien garnie de nourritures qu'une grande maison parcourue par le vent. **Pep ki zo mestr en e di**, chaque chien est maître chez lui (= chacun...). **El lec'h ma vez tri / E vez toull an ti**, là où l'on est trois la maison est percée (= un secret ne se garde qu'à deux).

(acheter maison= une maison) **klask ti** (chercher maison = une maison à acheter).

Curieusement, les mots qui suivent **ti** subissent les mutations par adoucissement. On dira donc **ti Bêr** (la maison de Pierre), **ti Vari** (la maison de Marie), **ti biv ?** (la maison de qui ?), etc.

On n'oubliera pas que le terme est masculin en breton et que l'on doit dire **daou di** et non pas **div di**.

Diabarzh an ti
(l'intérieur)

Les différents pièces et endroits de la maison sont : **ar gegin** (la cuisine), **ar gambr** (la chambre), **ar saloñs** (le salon), **ar sal-dour** (la salle d'eau), **ar privezioù** (les toilettes), **ar c'hrignol** (le grenier, dit aussi **solier**), **ar c'hav** (la cave), **an trepas** (le couloir).

Diavaez an ti
(l'extérieur)

An doenn (le toit), **ar mogerioù** (les murs), **tal an ti** (le front de la maison = le pignon), **ar siminal** (la cheminée, que l'on voit fumer, et non l'âtre qui est **an oaled**), **ar prenester** (les fenêtres), **an nor** (la porte), **an apoueilh** (l'auvent).

Er gegin
(dans la cuisine)

Ar fornigell (la cuisinière), voire **ar skinforn** (le four à micro ondes) pour les modernes... **An dar** (l'évier) pour **skaotañ al listri** (faire la vaiselle), ce verbe **skaotañ** a donné le terme **skaoterez** (la machine à laver la vaiselle). **Ar yenerez** et **ar skornerez** (le réfrigérateur et le congélateur, deux mots construits sur **yen** (froid) et **skorn** (glace). Le mot **kegin** a donné le verbe **keginañ** (faire la cuisine, cuisiner).

Er gambr
(dans la chambre)

L'élément principal, **ar gwele** (le lit) avec **an dilhad-gwele** (les vêtements de lit = les draps

Troioù-lavar
(expressions)

N'en deus na ti nag aoz (il n'a pas à se loger, pas de maison). **Mont eus ti al louarn da di ar bleiz** (aller de la maison du renard à celle du loup = aller de Charybde en Scylla, de mal en pis).

et les couvertures). Les draps : **al liñserioù**, les couvertures : **ar pallennoù**, le traversin : **an treuzplueg** et le(s) oreiller(s) : **ar goubenner(ioù)**. Et, pour ceux qui l'ont gardé, l'emblème du mobilier breton : **ar gwele-kloz** (le lit-clos). On dit **dispenn** et **fichañ ar gwele** (défaire et faire son lit).

Les autres meubles, **an daol-noz** (la table de nuit) que l'on appelle également **an daol-bennwele** (la table de tête de lit), et l'armoire, **an armel**, que l'on nomme aussi **ar pres**.

Er sal-dour

Ar gibell (la baignoire) qui donne le verbe **kibellat** (prendre un bain, **ar gwalc'heris** (le lavabo), **ar gannerez** (la machine à laver le linge) du verbe **kannañ**.

Er saloñs (au salon)

An daol izel (la table basse), **ar gourvezvank** (le canapé), **ar skinwel** (la télévision), **ar skeudenroller** (le magnétoscope), **ar chadenn hi-fi** (la chaîne hi-fi), **al levraoueg** (la bibliothèque).

Troioù-lavar (expressions)

Sachañ Yann d'ar c'hrignol, tirer Yann dans le grenier (= renifler fortement) ; on dit également **tennañ Morvan er solier**, tirer Morvan dans le grenier, par jeu de mot sur Morvan, pour morve ; une troisième expression de même sens **sachañ ar c'hazh d'ar gambr** (= tirer le chat dans la chambre). **Ober e wele da unan bennak**, faire son lit à quelqu'un (= lui tailler un costard). **Sankañ e gontell er voger**, enfoncer son couteau dans le mur (= faire faillite, banqueroute).

Boñboñ gredañs, la bonne chose qui est dans l'armoire (= désigne plaisamment les fruits à l'eau de vie).

Pep ki zo mestr en e di,
chaque chien est maître dans sa maison.

À la campagne

Le mot **maez**, dont le sens premier est « pièce de terre non close » est rarement employé seul, mais il est très courant dans diverses locutions telles que **war ar maez** : à la campagne, **er maez** : dehors, **kas ar saout da vaez**, mener le bétail en pâture, **an dud diwar ar maez**, les gens de la campagne.

Pour désigner les pièces de terre, la langue bretonne possède le mot **park** qui connaît un pluriel défini **parkoù** et un pluriel indéfini **parkeier**. Ce terme désigne un champ clos. Lorsque l'on veut préciser un champ de quoi, on a recourt au suffixe **-ad** déjà vu ; **ur parkad kerc'h** : un champ d'avoine. Le mot **prad** (pluriel : **pradoù / pradeier**) désigne un pré, une prairie et **foenneg** une prairie naturelle.

La ferme connaît plusieurs noms, suivant les régions : **un atant, ur gêr, un dachenn, ur menaj**, etc. La langue littéraire privilégie le terme **atant**, qui est employé dans le Léon. La ferme

N'emaomp ket er memes park,
nous ne sommes pas dans le même champ
(nous ne parlons pas de la même chose).

comprend **an ti-annez**, la maison d'habitation et les dépendances : **ar pourpez** (**kraou** : étable, **karrdi**, grange...).

Le terme courant actuel désignant le cultivateur est **labourer-douar**, le travailleur de la terre ; autrefois on disait **gounideg** (de là le nom de famille **gonidec**). La langue moderne a repris ce terme (issu du verbe **gounit**, gagner) et a construit les néologismes : **gounezerezh** : agriculture ; **gounezvouederezh** : agro-alimentaire ; **liesgounezerezh**, polyculture...

Troioù-lavar
(expressions)

Mont er-maez eus ar park, sortir du champ (= exagérer, dépasser les bornes) ; **park an erv hir**, le champ du long sillon (= désigne par euphémisme et plaisanterie la lisière d'herbe le long du chemin, là où les pauvres faisaient paître leurs bêtes) ; **n'emaomp ket er memes park**, nous ne sommes pas dans le même champ (= nous ne parlons pas de la même chose, du même sujet) ; **mont eus ar prad d'al lanneg**, aller du pré dans la lande (= d'une bonne situation dans une mauvaise, de Charybde en Scylla) ; **sachañ an dour war e brad**, tirer l'eau sur son pré (= faire en sorte que tout aille bien pour soi, tirer les couvertures à soi).

War ar maez e vez savet an houidi / Hag e kêr ez eont da zebriñ, c'est à la campagne que sont nourris les canards et c'est en ville qu'on les mange (= le travail est pour les paysans et le plaisir pour les habitants des villes) ; **diwar brec'h al labourer emañ ar bed-holl o vevañ**, le monde entier vit du travail du paysan.

Veaux, vaches, cochons...

Le français emploie le mot « **vaches** » au pluriel, comme terme générique pour désigner les bovins sans distinction de sexe, alors que ce terme désigne avant tout la femelle laitière. C'est ainsi qu'apercevant un troupeau de bovins dans un champ lointain, quand bien même ceux-ci ne seraient que des taureaux, on les désignera sous le vocable de **vaches**.

En breton, le mot féminin singulier **buoc'h** (**ar vuoc'h** : la vache) désigne exclusivement la femelle laitière. L'habitude des dictionnaires et des manuels d'apprentissage du breton est de dire que le pluriel de **buoc'h** est le mot « **saout** ». En fait, c'est faux, le pluriel régulier de **buoc'h** est **buoc'hed**. Un autre pluriel, **buoc'henned**, désigne quelques vaches, dont le nombre est déterminé, mais il ne connaît pas de singulatif **buoc'henn**. Il existe un autre pluriel, irrégulier celui-là : **bioù**. Il est construit sur un vieux radical **bu-** (que l'on retrouve dans les termes **bu**gel, **bu**gul = pâtre, et par extension, enfant, la garde des bestiaux leur étant dévolue). Pour en revenir au mot **saout** (pluriel qui ne connaît pas de singulier), c'est le terme que l'on emploie pour désigner les bovins sans distinction de sexe : ce n'est que dans cet unique cas que le breton **saout** traduit le français **vaches**. Pour désigner un seul animal, on fait précéder **saout** du mot **loen** (animal) ou **penn** (tête) : **ul loen-saout**, **ur penn-saout**. Il est intéressant de noter que **saout** est issu d'un

Le mot **buoc'h** est employé dans plusieurs compositions qui désignent d'autres animaux. **Ar vuoc'hig-Doue** (la petite vache de Dieu = la coccinelle) ; **ar vuoc'h-derv** (la vache de chêne = le hanneton, plus connu sous le nom de **c'hwil-derv**) ; **ar vuoc'h-vor** (la vache de mer = l'holothurie), ce dernier terme désigne également la corne de brume à cause du son qu'elle produit ; et **ar vuoc'h lart** (la vache grasse = la limace).

Troioù-lavar (expressions)

Pell emañ Yann diouzh e gazeg, Jean est loin de sa jument (= nous sommes loin du compte). **Klask pemp troad d'ar maout**, chercher cinq pattes au bélier (= couper les cheveux en quatre, chercher la petite bête). **Aet eo ar maout gantañ !** Le bélier est allé avec lui (= il a remporté le bélier : le trophée. Cette dernière expression vient du fait que dans les tournois de lutte bretonne, le trophée est un bélier ; par extension de sens, ceci est l'expression consacrée lorsque quelqu'un a gagné). **E voc'h bihan zo er gêr**, ses petits cochons sont à la maison (= il est de bonne humeur).

ancien **solt**, qui signifiait « sou, monnaie », le terme a toujours le même sens en gallois où **swllt** signifie « shilling ».

Al leue, (pluriel **leueoù, lioù**) le veau, désigne le jeune animal sans distinction de sexe ; celle-ci se fera pour la jeune femelle à sa première mise-bas où elle prendra le nom de **annoar** (une autre forme, **ounner**, est très répandue). Le jeune mâle prendra le nom de **kole**, (de **kozh leue** = vieux veau). Le mâle reproducteur, le taureau, est dit **tarv** (pluriel irrégulier **tirvi, terv**) ; parfois il est également nommé **kole-tarv**. Il reste à voir le terme **ejen** (pluriel irrégulier **oc'hen**) qui désigne l'animal châtré : le bœuf, élevé pour sa viande ou comme animal de trait.

Lorsqu'elle atterrit dans l'assiette, il est d'usage de désigner la viande par le nom générique de l'animal (cf. du bœuf). En breton c'est un autre terme de la famille de **bu-** qui est employé : **bevin**, **kig bevin** = du bœuf ; on dit également **kig saout**. Par extension de sens, le terme **bevin** désigne aussi le maigre des viandes quelles qu'elles soient. Localement, le mot **bevin** désigne également un bovin, il possède alors un pluriel régulier **bevined**.

Les rotondités de l'animal laitier lui ont valu la comparaison facétieuse avec la barrique ; ainsi ce récipient bien connu dans nos contrées s'est vu baptiser burlesquement **buoc'h vesk** (vache sans queue). De là l'expression **goro ar varrikenn** (traire la barrique) qu'on emploie lorsque l'on soutire le précieux nectar de la chose !

Enfin, on n'oubliera pas que pour des générations de jeunes bretonnants, **ar vuoc'h** fut l'infamant symbole, le vieux sabot ou n'importe quel vieil objet hors d'usage mais avilissant que l'on suspendait au cou des écoliers surpris en flagrant délit d'utiliser leur langue maternelle à l'école...

Par le mot **cheval**, le français désigne aussi bien la jument que l'étalon, lorsque l'on ne fait pas de distinction de sexe. Dans ce sens, la traduction bretonne de **cheval** n'est pas **marc'h**, comme on le dit trop souvent, mais **loen-kezeg** ou **penn-kezeg**.

Ce terme **kezeg** est un pluriel qui désigne ces animaux sans distinction de sexe : **ar c'hezeg**, les chevaux. La jument est désignée par un terme proche : **kazeg**, **ar gazeg** (pluriel. **kazeged** ou **kezekenned)**. Quant au mot **marc'h**, il désigne l'étalon, on précise parfois **marc'h kalloc'h**. Ce mot **marc'h** est celui qui connaît le plus de formes plurielles en breton, nous en retiendrons deux : **mirc'hed** et **mirc'hi**.

Le petit est nommé **eal**, sans distinction de sexe, le poulain **ebeul**, mot qui a un féminin régulier **ebeulez** pour désigner la pouliche. Localement on emploie aussi le terme **bouch**, pluriel **bouchoù**. L'histoire est connue de ce brave Léonard qui, faisant le tour des foires de Bretagne à la recherche d'un poulain, se fait rembarrer de partout car il emploie ces mots qui ont un double sens : une Cornouaillaise le gifle quand il lui demande **ur bouch** (qui en Cornouaille signifie « baiser » et non « poulain ») ; arrivé dans le Trégor le quiproquo est sur la prononciation des mots **eal** et **ael** (poulain et ange).

Ce que nous venons de voir pour les vaches et les chevaux se retrouve pour les porcs. Le pluriel **moc'h** les désigne en général, le singulier étant **pemoc'h**. Quant au verrat, c'est **an hoc'h**, la truie **ar wiz** et le petit **ar porc'hell**, pluriel **perc'hell**.

Les mêmes distinctions se font pour les ovins : le pluriel **deñved** les désigne en général, singulier **dañvad**. Le bélier se dit **ar maout**, pluriel **meot**. La femelle, contrairement aux autres animaux que nous venons de voir, a une forme régulière : c'est **dañvadez**, le féminin régulier en **-ez** de **dañvad**.

La moisson

Le mois d'août, **Eost** en breton, désigne également la moisson, lorsqu'on l'emploie avec une minuscule. Il a donné comme dérivés le verbe **eostiñ**, moissonner, le nom **eoster**, moissonneur et l'adjectif **eostek**, précoce, en parlant de fruits.

On parle d'**eost gwenn**, moisson blanche, pour toutes les récoltes de céréales, sauf le blé noir (le sarrazin), pour lequel on parle d'**eost du**, la moisson noire.

Bien que fréquemment employés comme synonymes du verbe **eostiñ**, il faut différencier les verbes **mediñ** et **dornañ**. **Eostiñ** désigne l'ensemble des travaux de la moisson, alors que **mediñ** signifie plus précisément « couper dans les champs les céréales à moissonner » ; quant à **dornañ**, c'est le verbe qui signifie « battre la moisson »... Il est vrai qu'à notre époque, toutes ces opérations sont faites par une seule et même machine : la moissonneuse-batteuse, qui est appelée elle **an dornerez** (alors qu'autrefois, quand ces tâches étaient distinctes, **dornerez** ne désignait que la batteuse, la « batterie » en Haute-Bretagne).

Les céréales

Le terme **ed** désigne les céréales en général. **Gwinizh**, froment ; **gwinizh-du**, sarrazin ; **kerc'h**, avoine ; **heiz**, orge ; **segal**, seigle ; **brazed**, méteil ; **mell**, millet ; **maiz**, maïs (qu'on disait autrefois **ed-Turki**, céréales de Turquie).

De ces mots, qui sont des collectifs, on forme les singulatifs suivants : **gwinizh** : **ur winizhenn** = un grain de froment ou

Krennlavarioù (proverbes)

Doue a had an ed en douar / Ha Doue en dastum pa gar, C'est Dieu qui sème le grain en terre / Et c'est Dieu qui le moissonne quand il le veut. **Bloavezh c'hwiled, bloavezh ed / Bloavezh gwenan ne vez ket**, Année de hannetons, année bonne en blé / Mauvaise année pour les abeilles. **Ur blouzenn n'eo ket ul louzenn**, un brin de paille (dans la maison) ne signifie pas que la maîtresse de maison soit une souillon.

Reiñ kerc'h-Spagn da unan bennak,
donner de l'avoine d'Espagne à quelqu'un
(le battre, cf. le français « lui foutre une avoinée »).

un plant de froment ; **kerc'h** : **ur gerc'henn**, un grain d'avoine ou un plant d'avoine...

Toujours à ces mêmes mots, en ajoutant le suffixe **-eg**, on obtient un terme désignant la parcelle semée de telle ou telle céréale : **ur winizheg**, un champ de froment ; **ur gerc'heg**, un champ d'avoine... Ces termes seront toujours des féminins.

La paille

La paille, la tige des céréales se dit **plouz** ou **kolo**. Une paille : **ur blouzenn** ou **ur goloenn**. Le terme **kolo** s'emploie dans le Léon, c'est ce mot que l'on retrouve dans le nom de mois de

Troioù-lavar (expressions)

Bezañ plousaet mat e votoù, avoir ses sabots bien paillés (= être riche) ; **bezañ kras e revr evel un dorchenn blouz**, avoir le cul sec comme un coussin de paille (= être radin comme un pou) ; **aet eo e blouz da ludu**, sa paille est partie en cendres (= ses affaires ont périclité) ; **troc'hañ ar blouzenn etre daou**, couper le brin de paille en deux (= couper la poire en deux) ; **reiñ flour gwinizh d'ar moc'h**, donner de la fleur de farine de froment aux porcs (= donner de la confiture aux cochons) ; **reiñ kerc'h-Spagn da unan bennak**, donner de l'avoine d'Espagne à quelqu'un (= le battre, cf. le français « lui foutre une avoinée »).

septembre : **Gwengolo**, littéralement « blanche-paille ». La partie de la paille qui reste en terre après la moisson, le chaume, se dit **soul** ; un brin de chaume, **ur soulenn**. De là le composé **ti-soul**, chaumière, dite aussi couramment **ti-plouz**. Le champ couvert de chaume : **ar souleg**.

Emplois figurés

Alors que le français emploie familièrement le mot **blé** pour désigner l'argent, c'est le seigle en breton : **ne'm eus ket segal ken** ! j'ai plus de seigle ! (= j'ai plus de blé !). **Rom-plouz**, du rhum de paille, désigne le rhum dont la bouteille est entourée de paille, et qui passait pour être meilleur !

Troioù-lavar (expressions)

Debriñ an eost di-war e c'har, manger sa moisson sur jambe (= manger son blé en herbe) ; **gwelloc'h eo an dra-se eget an eost da vankout**, cette chose est mieux que la moisson à manquer (= il vaut mieux cela, ce qui vient d'arriver, plutôt que de rater la moisson) ; **bezañ dall ha mezv evel ar yer e-kerzh an eost**, être aveugle et saoul comme les poules pendant la moisson (= être totalement débordé de travail, comme les poules qui ne savent pas où donner du bec sous l'abondance) ; **bout e ra kerc'h e-mesk e segal**, il y a de l'avoine dans son seigle (= il a quelque chose à cacher).

Les arbres

Le mot **gwez**, qui désigne les arbres en général (**ar gwez**) est ce que l'on apelle en grammaire bretonne un collectif, c-à-d. qu'il désigne un ensemble d'éléments semblables. Pour désigner un seul de ces éléments et donc obtenir le singulatif, on y rajoute le suffixe **-enn** : **gwezenn** = arbre. Tous les mots au singulatif sont féminins, ce qui entraîne une mutation après l'article (changement de la consonne initiale). Pour dire un arbre on dira **ur wezenn** et l'arbre **ar wezenn**.

Les essences

On peut désigner les arbres en rajoutant à **gwez** ou **gwezenn** le nom de l'essence. Ainsi, **gwez-faou**, des hêtres, et **ur wezenn-faou**, un hêtre ; **gwez-haleg**, des saules, et **ur wezenn-haleg**, un saule ; **gwez-ivin**, des ifs, **ur wezenn-ivin**, un if. Tous les arbres peuvent être dénommés ainsi. Cependant, pour les arbres de petite dimension, on emploiera souvent le terme **bod**, qui signifie **buisson, touffe, fourré**, etc. **Ur bod-kelvez**, une touffe de noisetier ; **ur bod-kelenn**, un buisson de houx...

Le terme **gwez** est d'un emploi facultatif, le nom de l'essence, qui est lui-même un collectif, peut s'employer tout seul : **derv uhel**, des chênes hauts, **bezv gwenn**, des bouleaux blancs, **faou yaouank**, des hêtres jeunes.

En lui rajoutant le suffixe **-enn**, on obtient le singulatif, donc à partir de **kistin**, des châtaigniers, **ur gistinenn**, un châtaignier ; **derv**, des chênes, **un dervenn**, un chêne ; **onn**, des frênes, **un onnenn**, un frêne.

Les fruits

Les fruits des arbres fruitiers (**ar gwez-frouezh**) portent souvent le même nom que l'arbre lui-même ; ainsi **gwez-per**, des poiriers (des poires : **per**). Un poirier pourra donc se dire, au choix, **ur wezenn-ber** ou bien **ur berenn**. Ce dernier terme, employé sans l'article, ne connaît plus la mutation et devient donc **perenn**. Il peut signifier aussi bien **poirier** que **poire** ; seule la marque du pluriel renseigne, **perenned** : des poiriers, **perennoù** : des poires (plus exactement, quelques poires). Vous pouvez vous entraîner avec les termes suivant : **kerez**, cerises, **kistin**, châtaignes, **pechez**, pêches...

La pomme et le pommier sont traités différemment : le nom de la pomme, **aval**, pluriel **avaloù**, n'est pas un collectif. On dit donc **gwez-avaloù**, des pommiers, **ur wezenn-avaloù**, un pommier.

Les fruits des arbres non fruitiers ont des noms différents : **derv**, chênes = **mez**, glands ; **faou**, hêtres = **finij**, faînes ; **kelenn**, houx = **kokoù**, baies de houx...

Les différentes parties d'un arbre sont les suivantes : **ar c'hef**, le tronc, partie entre les racines et les branches maîtresses, dans lequel on distingue parfois **ar fust**, le fût, partie droite sans aucune branche. L'aubier, la partie tendre du bois qui se forme chaque année sous l'écorce est dénommée **gwenn-goad**, bois blanc, ou **gwignenn** (qui est aussi un dérivé de l'adjectif **gwenn** = blanc). La partie centrale et dure du tronc, qui se travaille, est dite **an derc'h**. L'écorce se dit **ar rusk**, un morceau d'écorce, **ur ruskenn**. Les racines, **ar gwrizioù** ; une racine, **ur wrizienn**. Un vieil arbre creux se dit **ur gleuzenn**, ce terme est un dérivé de l'adjectif **kleuz** : creux.

Les branches

Ar skourroù, les branches, grosses et moyennes, dites aussi **barroù** ou **brankoù**. Les branches plus petites, les rameaux se disent **bodoù** et les brindilles **briñsoù** ou **bleñchoù**. Au singulier on dira **ur skourr, ur barr, ur brank** = une branche, **ur bod** = un rameau et **ur vriñsenn, ur vleñchenn** = une brindille. Le terme **brog** désigne ce qui reste d'une branche coupée trop loin du tronc.

L'endroit où deux branches se ramifient, la fourche, est dit **ar c'haol** ; c'est également le nom de l'entrejambe. Dans certains parlers, c'est le mot **skalf** que l'on emploie. Il a également les deux sens de **gaol**, ce qui fait que certains se moquent d'un jeune homme peu entreprenant avec les filles, en lui disant, avec cette propension à rimer qu'ont les Bretons : **Petra 'rez aze e beg ar bod ? / E-barzh ar skalf emañ da lod !** (que fais-tu là au

Troioù-lavar
(expressions)

Sevel en e wezenn uhelañ, monter dans son arbre le plus haut (= monter sur ses grands chevaux). **Bezañ evel ur wezenn divarret**, être comme un arbre émondé (= être tout seul, isolé). **Reiñ beuz da unan bennak**, donner du buis à quelqu'un (= le frapper).

bout du rameau ? C'est dans la fourche qu'est ton boulot !)

Les feuilles

Les feuilles se disent **an delioù**, une feuille **un delienn**. On utilise aussi le collectif **deil** pour désigner l'ensemble des feuilles d'un arbre, le feuillage. On reconnaît ce terme dans le verbe **deliaouiñ**, pousser des feuilles : **deliaouiñ a ra ar gwez en nevez-amzer**, les arbres poussent des feuilles au printemps. Les feuilles viennent des bourgeons, **ar broñs** ; un bourgeon : **ur vroñsenn**.

Lorsque les arbres sont en fleurs, le terme spécifique est **bleuñv** : **emañ ar gwez e bleuñv**. Son dérivé **bleunioù** désigne les autres fleurs.

Krenañ evel ur barr delioù, trembler comme une branche de feuilles. **Chom war vrank**, rester sur branche (= rester attendre). **Ober ruskenn fall**, faire mauvaise écorce (= dépérir). **Bezañ rust evel ur bod spern**, être rude comme un buisson d'épines (= être d'humeur difficile).

Bezañ evel ur wezenn divarret,
être comme un arbre émondé (être tout seul, isolé).

Dans les bois

Le terme **koad**, **ar c'hoad**, le bois, connaît la même ambiguïté qu'en français, il désigne aussi bien la matière que la sylve. Un ancien terme, **prenn**, qui survit dans d'autres sens, désignait lui le bois en tant que matière : le bois d'œuvre.

On emploie volontiers le pluriel **koadoù** pour désigner le bois dans lequel on se promène. Le mot **koad** entre en composition pour désigner certaines parties de la forêt cultivée : **ar c'hoad-med**, le taillis, **ar c'hoad-uhel**, la fûtaie. On désigne la forêt pas le mot **koadeg**, qui est féminin : **ar goadeg** ; on emploie également l'emprunt français **forest**, que l'on reconnaît souvent dans le noms de lieux : **Ar Forest-Fouenant** (La Forêt-Fouesnant), **Ar Forest-Landerne** (La Forêt-Landerneau) et dans les noms de personnes comme **Foricher** (= **Forester** : forestier).

La clairière, endroit peu boisé dans le bois ou la forêt, se dit

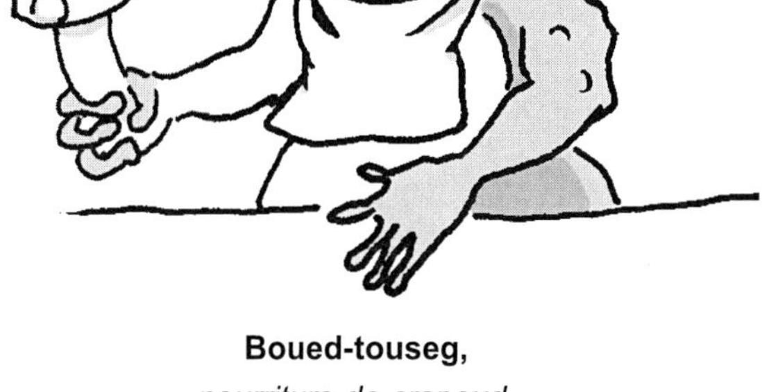

Boued-touseg,
nourriture de crapaud.

frankizenn. Le mot **koad** se retrouve encore dans **brous-koad**, fourré.

Les arbres

Er c'hoadoù, dans les bois, il y a des arbres ! **Gwez**, des arbres ; suivant les essences on précise, **gwez-derv** : des chênes, **gwez-faou** : des hêtres, **gwez-kistin** : des châtaigniers, **gwez-pin** : des pins, etc. Un arbre se dit **ur wezenn**, et de la même manière on précise suivant l'essence, **ur wezenn-derv, ur wezenn-faou, ur wezenn-gistin, ur wezenn-bin**, etc.

Champignons

Quand c'est la saison, on y ramasse les champignons... **Boued-touseg** : la nourriture de crapaud ! Inutile d'en dire plus sur les relations entre les paysans bretons et cette nourriture diabolique... Le mot **touseg**, qui désigne le crapaud, entre toujours en composition des mots désignant les champignons : **kabell-touseg**, cape de crapaud, **tog-touseg**, chapeau de crapaud, **skabell-touseg**, escabeau de crapaud... À un tel point que les noms désignant en breton les espèces de champignons sont plus que rares.

Quelques emplois du mot « koad »

On le trouve dans l'insulte **penn koad !** Tête de bois (= tête de mule).

Mallach koad ! est un juron affaibli pour ne pas dire **mallozh Doue** (malédiction de Dieu), on emploie donc **koad** au lieu de **Doue**, et **mallozh** est également affaibli en **mallach**, tout comme l'on disait autrefois **bleu** en français pour éviter de dire **Dieu** dans **parbleu, ventrebleu**....

On trouve aussi bien entendu le mot **koad** dans des noms d'animaux, comme : **ar gazeg-koad**, la jument des bois (= le pic-vert) ; **ar c'hazh-koad**, le chat des bois (= l'écureuil) ; **ar pemoc'h-koad**, le cochon de bois (= le cloporte) ; **ar pesk-koad** se dit à l'île de Groix d'un poisson qui suit les épaves.

On l'emploie aussi associé à l'adjectif **c'hwerv** (amer), dans **c'hwerv-koad**, qui peut désigner un cidre à l'amertume que certains jugent excessive.

Le temps qu'il fait

Comme en français, le terme **amzer** désigne autant le temps qui passe que celui qu'il fait. Et il est tout aussi présent dans toutes les conversations quand on ne sait pas quoi dire... **Brav eo an amzer hiziv !** Beau est le temps aujourd'hui (= il fait beau aujourd'hui). Quelques qualificatifs concernant le temps : **tomm**, chaud ; **gor**, très chaud ; **kaer**, beau ; **sasun**, plaisant, agréable ; **dizolo**, découvert ; **klouar**, doux ; **dous**, humide ; **soubl**, doux et humide ; **fresk**, frais ; **amjestr**, incertain, indécis ; **brizh**, variable plutôt beau ; **gadal**, changeant ; **ramp**, glissant (= variable, menaçant) ; **lous**, sale, pas beau ; **fall**, mauvais ; **divalav**, très mauvais ; **ruz**, rouge (= très mauvais) ; **yen**, froid ; **put**, sec et froid ; **sklas**, très froid ; **brein**, pourri... sans oublier le classique **amzer gaoc'h** : le temps de merde !

Tous ces adjectifs peuvent s'employer dans cette phrase type : **brav eo anezhi**, il est beau d'elle (= il fait beau) ; le mot **anezhi** « d'elle » est une préposition au féminin qui vaut ici pour le temps.

Quelques phrases usuelles

Petra a ray an amzer ? Que va faire le temps (= quel temps va-t-il faire ?) ; **glav zo ganti**, il y a de la pluie avec elle (= il va pleuvoir) ; **tavet eo ar glav**, la pluie s'est tue (= a cessé) ; **chom a ray an amzer divanne**, le temps restera sans goutte (= il ne pleuvra pas) ; **diougan avel zo war an amzer**, il y a prophétie de vent sur le temps (= le temps est au vent — on remplace **avel** par **glav** (pluie), **heol** (soleil), **erc'h** (neige) ; **yen-ki**

Troioù-lavar (expressions)

Gwisket en deus sant Erwan e vragoù glas, saint Yves a mis ses pantalons bleus (= il fait beau temps). **N'emañ ket an Aotrou Doue er gêr**, le bon Dieu n'est pas à la maison (= il ne fait pas beau). **Emañ an diaoul o pilat e wreg**, le diable bat sa femme (= il pleut et il fait soleil en même temps).

Bezañ skragn evel an avel nord, être radin comme le vent du nord (= très radin). **Bezañ hir evel an drougamzer**, être long comme le mauvais temps. **Ober gwallamzer da unan bennak**, faire du mauvais temps à quelqu'un (= lui mener la vie dure). **Bout zo kogus àr an heol**, il y a des nuages sur le soleil (= se dit à quelqu'un qui est de mauvaise humeur).

Un askell big, une aile de pie (= tache bleue dans un ciel couvert, une culotte de gendarme) ; **bezañ dindan ar seizh amzer**, être sous les sept temps (= dehors par tous les temps) ; **glav pil polos**, pluie comme s'il tombait des prunelles (= assez grosses gouttes) ; **glav touseg**, pluie crapaud (= très, très grosses gouttes).

eo, il est froid-chien (= il fait un froid de canard) ; **glav-avel**, pluie-vent (= par tous les temps) on dit aussi **glav-heol**, pluie-soleil ; **sevel a ra an amzer**, le temps se lève (= se découvre). **Tomm eo an heol**, chaud est le soleil. **Ur bannac'h heol zo**, il y a une goutte de soleil (= un peu de soleil).

Le mot **amzer** se retrouve dans quelques composés : **drougamzer**, mauvais temps ; **gwallamzer**, mauvais temps ; **leizhamzer**, temps humide ; **brizhamzer**, temps variable, plutôt beau et le verbe **brizhamzeriñ**, faire ce temps-là ; **rustamzer**, gros temps ; **gastamzer**, mauvais temps (cf. **gast** = putain).

Sortes de temps

Kazarc'h, grêle ; **erc'h**, neige ; **glav**, pluie ; **glaverc'h**, neige fondue ; **lugachenn**, petite pluie fine ; **avel**, vent ; **skorn**, glace ;

Krennlavarioù (proverbes)

Heol a savo re vintin / A zo techet da wall fin, Soleil qui se lève trop matin / Est sujet à mauvaise fin. **Heol gwenn a ro glav / Hag heol ruz amzer vrav**, Soleil blanc donne de la pluie / Et soleil rouge du beau temps. **Glav bemdez a zo re / Re nebeut bep eil deiz**, De la pluie tous les jours, c'est trop / Tous les deux jours pas assez. **Glav da sul, glav da lun / Glav 'pad ar sizhun**, Pluie le dimanche, pluie le lundi / Pluie toute la semaine.

Kelc'h a-bell, glav a-dost / Kelc'h a-dost, glav a-bell, Cercle (halo de lune) lointain, pluie proche / Cercle proche, pluie lointaine. **Rev gwenn war ar c'hresk / Amzer gaer ha fresk**, Gelée blanche au croissant (de lune) / Du frais et du beau temps. **Pa vez erc'h war an douar / Ne vez na tomm na klouar**, Quand il y a de la neige sur la terre / Il ne fait ni chaud ni doux.

rev, gelée ; **riell**, verglas ; **glizh**, rosée ; **latar**, brouillard ; **broutac'h**, chaleur lourde et étouffante ; **heol**, soleil ; **hinon**, beau temps, serein ; **arnev**, orage ; **luc'hed**, éclairs ; **kurun**, du tonnerre ; **brogon**, éclairs de chaleur.

À partir des mots qui désignent une sorte de temps, on peut construire des verbes impersonnels comme le français **pleuvoir** est contruit à partir de **pluie**. Ainsi : **aveliñ**, venter ; **erc'hiñ**, neiger ; **glaviñ**, pleuvoir, **skorniñ**, glacer, **reviñ**, geler ; **kazarc'hiñ**, grêler ; **kuruniñ**, tonner... Ces verbes sont en général peu utilisés, quand ils le sont, c'est avec le verbe **ober** (faire), par exemple : **kuruniñ a ra**, tonner il fait (= il tonne) ; **glaviñ a ra**, pleuvoir il fait (= il pleut).

Ober gwallamzer da unan bennak,
faire du mauvais temps à quelqu'un
(lui mener la vie dure).

Noms d'animaux donnés aux hommes

Tout comme en français, on dit facilement et à tort qu'un homme sale est un cochon : **ur pemoc'h**. Cela peut même être une injure, il suffit d'y mettre le ton : **pemoc'h !** On peut aggraver la chose : **pemoc'h lous !** Sale cochon !

Mais l'animal préféré de saint Antoine n'est pas le seul du bestiaire breton qui sert à rebaptiser les hommes suivant leurs défauts ou leurs qualités. L'âne breton ne semble pas montrer beaucoup plus d'intelligence que son homologue français, et se faire traîter d'**azen** (âne) n'est assurément pas un hommage et **azen gornek** (âne cornu) encore moins !

Le nom même de l'animal, **al loen**, désigne la brute, voire la personne infréquentable. On dira d'un homme malin que c'est **un ebeul** : un poulain ; **hemañ zo un ebeul** : celui-ci est un finaud. Mais en changeant d'intonation, le sens change également, et **ebeul** désigne aussi un homme pétri de vices et de défauts. Le homard, **al legestr**, désigne lui un as, un sacré loustic, un drôle de numéro, mais il peut aussi désigner un mauvais sujet. Le renard, **al louarn** est bien entendu rusé. **Ar vuoc'h**, la vache, représente la sottise, la bêtise intégrale, aussi bien chez l'homme que chez la femme ; son petit, le veau,

Krennlavar
(proverbe)
Gra da oan hag e vi touzet,
fais ton agneau et tu seras tondu
(= si tu te laisses faire, tout le monde profitera de toi).

Gra da oan hag e vi touret,
fais ton agneau et tu seras tondu.

Troioù-lavar (expression)

Bezañ drant evel ul labous, être gai comme un oiseau (= comme un pinson). **Bezañ dous evel un dañvad**, être doux comme un mouton (= comme un agneau). **Ober e gazh gleb**, faire son chat mouillé (= se conduire en hypocrite). **Bezañ evel ul logodenn er bleud**, être comme une souris dans la farine (= comme un poisson dans l'eau).

al leue, n'est guère mieux loti : **paourkaezh leue !** dit-on au grand benêt. Quant au cheval, **ar marc'h**, c'est la force personnifiée. On associe **marc'h** à d'autres termes : **ur marc'h labour**, un cheval de travail désigne quelqu'un qui a une très grande force de travail, un bûcheur. On fait de même avec **ki**, chien : **ur c'hi labour** ; au féminin **ur giez**, une chienne, c'est nettement moins honorable, puisqu'il s'agit d'une prostituée ! Le loup breton, **ar bleiz**, a servi à effrayer bien des générations d'enfants et la louve, **ar vleizez**, désigne une fort méchante femme. Par cette forme : **ur vleizez**, ou une autre **ur vleizenn**, on désigne également une putain. Et c'est ainsi que l'on remet l'Histoire en place : la louve nourricière de Romulus et Remus n'était assurément pas une louve à quatre pattes... puisque le latin **lupa** avait également les deux significations de louve et putain et qu'il nous a également laissé le **lupanar** !

Le lombric, **ar vuzhugenn**, personnifie la lenteur ; le mot a même donné un verbe **buzhugenniñ** : lambiner, traînasser. Le coq, **ar c'hilhog**, dit aussi **ar c'hog**, c'est le cavaleur, le tombeur de ces dames : **kilhog ar barrez**, le coq de la paroisse... **Ar c'hazh**, le chat, désigne le finaud, le malin. Le lapin, **ar c'honifl**, c'est le zigoto. Le mouton est en français quelqu'un qui se laisse facilement berner et, dans le monde carcéral, c'est un compagnon de cellule mouchard... Le mouton breton, **an dañvad** est un farceur, un as ; il désigne aussi une personne adroite ; employé au féminin, **an dañvadez** : c'est une drôle de bonne femme. Quant au bélier cornu, **ar maout**, c'est l'homme en proie à juste titre aux angoisses conjugales...

Les oiseaux ont aussi fourni pas mal d'appellations : deux termes bretons les désignent : **evn** et **labous**. **Evn**, employé principalement dans le Trégor et le Vannetais, qualifie un homme méchant ou, selon le ton, un plaisantin. Quant à **labous**, souvent prononcé **lapous**, il peut qualifier une palanquée de défauts ou de qualités : c'est selon ! Le plus souvent, employé seul, il désigne la personne fine et rusée, un beau garçon, un drôle d'oiseau, quoi ! **Hemañ zo**

ul labous a zen : c'est un drôle de malin... C'est aussi le nom câlin que l'on donne aux enfants. Accompagné d'un adjectif : **ul labous kailh** : un petit voyou, un cavaleur... **ul labous treut**, un maigre oiseau, une personne de peu de valeur, de mauvaise compagnie ; **ul labous du**, un oiseau noir (surnom des recteurs dû à leur soutane) ; **ul labous abred**, un oiseau (fait) tôt, désignait autrefois un enfant conçu avant le mariage et **ul labous garzh**, un oiseau de haie, désignait l'enfant né hors mariage, l'expression laissant bien voir que maman regardait les feuilles à l'envers ! On retrouve une expression analogue en Haute-Bretagne où les « enfants de l'amour » se voyaient baptiser **petits poulets de haie**. Ce mot **labous** connaît deux formes féminines : **labousez**, qui désigne une belle femme et **labousell** qui s'adresse plutôt aux dames dites légères...

Troioù-lavar (expressions)

Bezañ kreñv evel ur marc'h, être fort comme un cheval. **Labourat evel ur marc'h**, travailler comme un cheval (= beaucoup). **Bezañ maout war un dra bennak** : être bélier sur quelque chose (= être compétent sur telle ou telle matière).

La musique

Le verbe **seniñ**, jouer d'un instrument de musique, qui se conjugue sur le radical **son-**, a donné le mot bien connu des amateurs de **festoù-noz** et **festoù-deiz** : le terme français **sonneur**. Dans cette acception toute musicale, c'est une francisation du breton **soner**, pluriel **sonerien** qui signifie spécialement dans ce sens « joueur de binioù ou de bombarde ». Le sens plus général de ce terme est tout simplement « musicien ». On lui connaît le dérivé **sonerezh**, musique.

Vocabulaire et phrases

Sonerezh hengounel : musique traditionnelle ; **sonerezh klasel** : musique classique ; **biniaouer**, joueur de binioù ; **talabarder**, joueur de bombarde. **Seniñ gant**, jouer avec (= jouer de) : **seniñ gant an delenn**, jouer de la harpe ; **seniñ gant an ograou**, jouer de l'orgue, etc. On peut également à partir du nom des instruments de musique former un verbe signifiant : « en jouer » et à partir de ce verbe, former le nom du musicien, par exemple, à partir de **binioù** on forme le verbe **biniaouiñ**, jouer du binioù et **biniaouer**, sonneur de binioù.

Le mot **bagad** signifie généralement « troupeau » ; appliqué au monde des musiciens bretons, il désigne un ensemble de binious bras, bombardes et un pupître de batteurs. Le mot **binioù** est le terme breton qui désigne la cornemuse, quelqu'en soit le type. On distingue

Troioù-lavar (expressions)

Bezañ mezv evel ur soner, être saoul comme un sonneur (= complètement saoul !). **Poent eo cheñch bazh en daboulin**, il est temps de changer la baguette du tambour (= il est temps de changer l'ordre des choses). **Pakañ e fleütoù**, ramasser ses flûtes (= mourir, dans cette expression le mot **fleütoù**, flûtes, est pris dans un sens figuré pour « jambes »).

Krennlavar (proverbe)

Ar soner war e varrikenn / A ra d'ar yaouankiz breskenn, le sonneur sur sa barrique met en branle la jeunesse.

ar binioù kozh, le « vieux » binioù traditionnel des sonneurs de couples ; **ar binioù bras**, le grand biniou, adaptation bretonne récente de la cornemuse écossaise que l'on entend dans la musique de bagad ; **ar binioù ilin**, le biniou « coude » : la cornemuse irlandaise, dite *uilleann-pipe* en gaélique.

Bezañ mezv evel ur soner,
être saoul comme un sonneur (complètement saoul !).

Les achats

Le verbe **prenañ**, acheter, a donné le dérivé **prenadenn**, achat. Un achat **ur brenadenn**, des achats **prenadennoù** ; **ur prener** un acheteur. Le contraire est **gwerzhañ** vendre, **ur gwerzher** un vendeur.

Frazennoù diazez
(quelques phrases de base)

Mont a ran da brenañ traoù, je vais faire des courses. **Serret e oa ar stal**, c'était fermé. **Ne oa ket mui na kig na bara**, il n'y avait plus de viande ni de pain. **Pegement e koust an dra-se ?** Combien cela coûte-t-il ? **Koustet eo bet ker din**, cela m'a coûté cher. **Re ger eo**, c'est trop cher. **Ker ruz eo**, c'est cher rouge (= très cher). **Prenet em eus se**, j'ai acheté cela. **Marc'hadmat eo**, c'est bon marché. **Petra ac'h eus prenet ?** qu'as-tu acheté ? **Ar c'hig zo deuet kresk warnañ**, la viande a augmenté. **Ar bara zo deuet diskar warnañ**, le pain a baissé (de prix).

Les noms des commerçants sont parfois formés d'après ce qu'ils vendent, ainsi **ar baraer** le boulanger est formé d'après **bara** (pain), **ar c'higer** le boucher d'après **kig** (viande), **ar pesker** le poissonnier d'après **pesk** (poisson). De même, tous ces noms de commerçants donnent à leur tour d'autres dérivés féminins ; ainsi **ar varaerezh** la boulangerie, **ar gigerezh** la boucherie, **ar beskerezh** la poissonnerie.

On emploie également le mot **stal**, boutique : **ar stal dilhad**, le magasin de vêtements, **stal ar c'higer**, la boutique du boucher, etc. Les autres endroits des achats sont : **ar marc'had**, le marché, dit également **ar marc'hallac'h** (la place du marché), **ar forlac'h** (la place de la foire), ces deux derniers mots sont des composés du mot **lec'h** (lieu) : **marc'had + lec'h, foar + lec'h. Ar gourmarc'had**, le supermarché, **ar c'hoc'hu**, les halles.

Krennlavar
(proverbe)

E-keñver ar fichañ emañ ar gwerzhañ, la vente est selon la présentation : mieux une marchandise est présentée, plus elle a de chance d'être bien vendue.

Emploi du verbe «prenañ»

On emploie l'infinitif **prenañ** (acheter) pour signifier que le produit dont on parle n'est pas fabriqué par soi-même : **hemañ zo sistr prenañ, n'eo ket sistr graet er gêr**, c'est du cidre industriel, ce n'est pas du cidre maison. **Hemañ zo bara prenañ, n'eo ket bara poazhañ**, c'est du pain acheté, pas du pain cuit au four (= à la maison).

Troioù-lavar
(expressions)

Ober poufoù, plantañ pouf mettre ses achats sur un compte, acheter à crédit. **Aet eo e stal da benn ar c'hoc'hu**, son échope se trouve maintenant à l'autre bout des halles (= ce commerçant a fait faillite). **Prenañ kig digant ar bleiz** acheter de la viande au loup (= acheter très cher). **Kanañ a ra an traoù !** les choses chantent (= les prix augmentent !).

Prenañ kig digant ar bleiz,
acheter de la viande au loup
(acheter très cher).

La fête de Noël

Le terme qui signifie Noël en breton est **Nedeleg** ; on l'emploie généralement avec l'article défini : **an Nedeleg**, **gouel an Nedeleg**, la fête de Noël. Ce mot vient du latin **Natalicium**, qui a donné dans les autres langues celtiques **Nadolyg** en gallois, **Nadelic** en cornouaillais, **Nodlog** en gaélique irlandais et **Nollaig** en gaélique écossais.

Le père Noël existe en breton (si ! si !), et il s'apelle **Tad-kozh an Nedeleg**, le grand-père Noël. En Basse-Cornouaille on l'appelle même **Tad-kozh ar Pellgent** (cette appellation vient de **oferenn ar Pellgent**, la messe de minuit). Malheureusement, l'influence de la langue française fait que l'on entend trop souvent **an Tad-Nedeleg** qui n'est qu'un calque du français. Autrefois, c'était **ar Mabig Jezuz** (l'Enfant Jésus) qui tenait le rôle du père Noël et amenait **ar profoù**, les cadeaux.

An etev Nedeleg la bûche de Noël, se nomme aussi **kef**, **skod** ou **tos an Nedeleg**, Elle brûle dans l'âtre, **an oaled**, non pas dans la cheminée (**ar siminal**). **Ar wezenn Nedeleg** c'est l'arbre de Noël, qui concurrence ou côtoie **ar c'hraou Nedeleg**, la crêche de Noël où le bœuf, **an ejen**, l'âne, **an azen** entourent **ar Mabig Jezuz**, **ar Werc'hez Vari**, la Vierge Marie, **sant Jozeb**, saint Joseph et **an tri roue**, les trois rois mages. C'est par le même nom de **an tri roue** que l'on désigne en breton la constellation du Baudrier d'Orion.

Nouel ! Nouel ! Kanomp Nouel ! (chantons Noël). Comme on le voit, le breton a emprunté le terme français Noël, mais en lui donnant le sens restreint de **cantique, chant de Noël**. On en a même fait le verbe **nouelat**, chanter des chants, des cantiques de Noël.

Krennlavarioù (dictons)

Dre forzh kanañ Nouel ez erru Nedeleg, à force de chanter Noël, il arrive. **Nedeleg ha Gouel Yann / 'Lak ar bloaz etre div rann**, Noël et la Saint-Jean, partagent l'année en deux. **Gant Nedeleg / 'Hast an deiz paz ur c'hefeleg / Gant deiz kentañ ar bloaz / Paz ur waz**, À Noël, le jour se rallonge d'un pas de bécasse, le jour de l'an, il se rallonge d'un pas d'oie. **An hini n'en deus ket a gig da Nedeleg / A lazh ar c'hog pe e wreg**, celui qui n'a pas de viande à Noël tue un coq ou sa femme (= la poule).

Le réveillon, pas de **gouelioù Nedeleg**, fêtes de Noël sans **fiskoan**, qui est le nom breton du réveillon. Ce mot est formé de **fest + koan** (fête et souper) et il a donné le verbe **fiskoaniañ**, réveillonner.

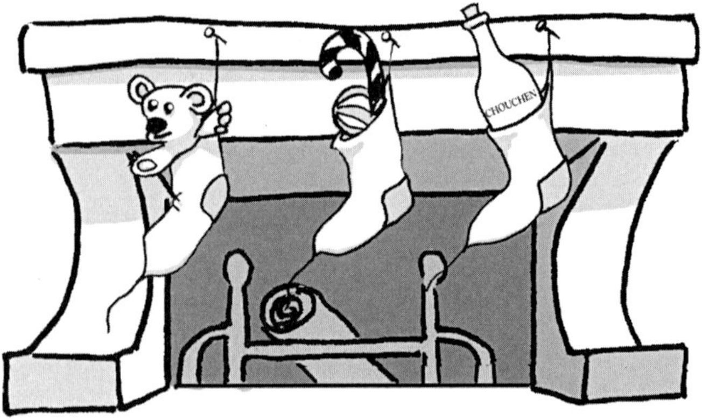

DEIZ KENTAÑ AR BLOAZ

Les fêtes de début d'année

Le jour de l'an, c'est l'époque des meilleurs vœux, **mare an hetoù** : **an deiz kentañ ar bloaz**, le jour de l'an, que l'on appelle également **kala-Genver** : les calendes de janvier. C'est aussi l'époque de **kalanna**, les étrennes ; **petra 'z po da'z kalanna** ? qu'auras-tu pour tes étrennes ? Les étrennes sont dites aussi **an deroù-mat** : le bon début. On emploie également l'expression **mont da gouignaoua**, aller quêter des gâteaux (= aller chercher ses étrennes). Ce verbe **kouignaoua** est formé sur **kouign**, petit gâteau. Il peut s'employer comme un substantif, **ma c'houignaoua** : mes étrennes.

La nouvelle année se dit **ar bloaz nevez** et l'année dernière **ar bloaz kozh** (= la vieille année).

Formules de vœux de bonne année

On dit **reketiñ** ou **hetiñ ar bloavezh mat** : souhaiter la bonne année, mais on entend de plus en plus souvent l'emprunt au français **souhetiñ**, peut-être facilité par la ressemblance avec **hetiñ**.

Gwellañ hetoù a vloavezh mat, meilleurs vœux de bonne année. Burlesquement on dit **bloavezh mat / ti dilogod** bonne année et maison sans souris.

Bloavezh mat / Yec'hed ha prosperite / Hag ar baradoz e fin ho puhez, bonne année, santé et prosperité, et le paradis à la fin de la vie. Les enfants faisaient autrefois la tournée du voisinage en prononçant des formules de bonne année pour recueillir des étrennes ; à ceux qui ne donnaient rien, aux radins, ils débitaient une formule spéciale qui ne manquait pas de sel, voire d'autre chose... : **ur bloavezh mat a souhetan deoc'h / Leizh ho ti a vernoù kaoc'h !** (je vous souhaite une bonne année, et plein de tas de merde dans votre maison !

L'Épiphanie

Comme en français, on la nomme également « la fête des rois » : **gouel ar rouanez**. Mais le gâteau que l'on déguste n'est pas la galette, mais la brioche, qui est nommée **bara ar rouanez** : le pain des rois.

Troioù-lavar (expressions)

Bezañ eus dibenn ar bloaz, être de la fin de l'année (= ne pas faire preuve d'une grande intelligence, être sot) ; l'inverse se dit **bezañ eus penn kentañ ar bloaz**, être du début de l'année (= être malin, fin, intelligent, etc.).

Les gras

Troioù-lavar (expressions)

Ober meurlarjez, faire mardi-gras (= bien manger) ; **teñval evel noz meurlarjez**, sombre comme la nuit de mardi-gras (= très sombre). **Goueliañ sant Meurlarjez ouzhpenn ur wezh ar bloaz**, fêter saint mardi-gras plus d'une fois l'an (= être habillé n'importe comment). **Ker evel pebr da veurlarjez**, cher comme le poivre au mardi-gras (= très cher, en parlant des denrées).

On dit dans le Bas-Léon, dans le registre familier, **honnezh zo meurlarjez ganti**, celle-là est mardi-gras avec elle (= elle a ses règles).

Le breton connaît deux termes qui désignent les Gras : **Meurlarjez**, construction analogue au français **Meurzh + larjez** (mardi + gras) ; on dit également **Meurzh al lard**, le mardi du gras. Les dialectes vannetais et trégorrois connaissent les formes **Mallarde** et **Mallarje**. (**Mallarde** est également un nom de famille). Le léonard connaît lui la forme **Mouilhardez**. Le nom de **Meurlarjez** a donné le verbe **meurlarjezañ**, fêter le mardi-gras, le carnaval. Ce terme, qui au départ ne désigne que la seule journée du mardi, a pris le sens des Gras en général.

Lavarioù (dictons)

Meurlarjez zo ur paotr gae / Me 'garfe 'padfe bemdez / Hag an eost div wezh ar bloaz / Gouel Mikael bep seizh vloaz, mardi-gras est un garçon gai, j'aimerais qu'il dure tous les jours, et la moisson deux fois l'an, la Saint-Michel tous les sept ans (la Saint-Michel étant le jour de paiement du fermage). **Meurzh al lard d'ar beure, ouzhpenn kant foerer war vale**, le mardi-gras au matin, il y a plus de cent foireux en route (consécutivement aux ripailles !) **Mar deuje Meurlarjez teir gwezh ar bloaz, e lakafe an dud da redek en noazh**, si mardi-gras venait trois fois par an, il ferait courir les gens tout nus (suite aux dépenses engagées pour faire la fête).

Le deuxième terme est **an Ened** ; il désigne les Gras, pour le mardi on dit **Meurzh Ened**. Ce terme, d'origine latine, est commun à toutes les langues celtiques. À Douarnenez, où les gras sont particulièrement fêtés, c'est le terme en usage ; on le retrouve dans la chanson :

Echu an Ened,
N'on ket jenet,
Debret an arc'hant,
Echu tout !

Mardi-gras est fini,
Je ne suis pas gêné,
L'argent est mangé,
C'est terminé !

Krennlavarioù (proverbes)

Meurlarjez e toull an nor. / Pask e-tal an tan, Mardi-gras sur le pas de la porte, Pâques auprès du feu. **Gwelloc'h un tamm bemdez, / Eget re da Veurlarjez**, mieux vaut un peu chaque jour que trop au mardi-gras. **Meurlarjez kailharek, / Arc'h ha solier barrek**, Mardi-gras boueux, huche et grenier combles.

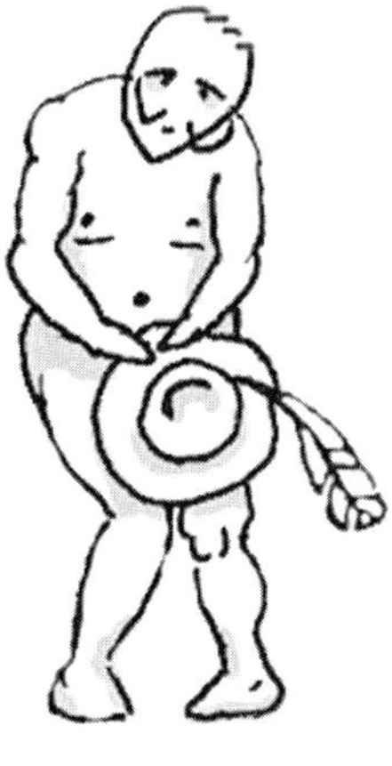

Mar deuje Meurlarjez teir gwezh ar bloaz,
e lakafe an dud da redek en noazh,
si mardi-gras venait trois fois par an,
il ferait courir les gens tout nus.

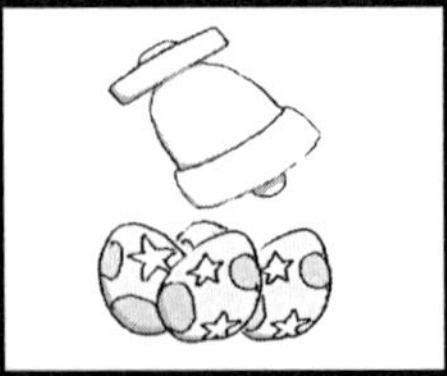

Pâques

C'est **Pask** en breton. **Ober e Bask**, faire ses Pâques (= communier à Pâques), chose dont tout chrétien doit s'acquitter en temps et en heure ; de ceux qui attendaient le dimanche de Quasimodo (le dernier moment autorisé) on disait qu'ils faisaient **Pask-louarn** : des Pâques de renard, sans doute par référence à l'expression **skol-louarn**, l'école du renard (= l'école buissonnière) dont les habitués ne sont pas non plus les premiers à faire leur(s) devoir(s) !

Par extention de sens, on emploie l'expression **ober e bask kentañ**, faire ses premières Pâques pour : faire sa première communion.

On retrouve le mot **Pask** dans le verbe dérivé **paskañ** qui signifie également faire sa première communion ou faire ses Pâques. Le mot est également à l'origine des patronymes **Pascou, Pasquiou**.

La coutume des œufs de Pâques existe également en breton : **vioù** ou **uoù Pask** ; c'est d'ailleurs ce que réclame la grive : **kig ha uoù da Bask, eme an drask** !

Un peu de grammaire...

La consonne initiale d'un mot peut changer en breton, comme vous avez pu le remarquer dans cette rubrique. C'est le cas du mot **Pask** qui, lorsqu'il est employé après certains mots se transforme en **Fask**. Ainsi : **amzer Fask**, le temps de Pâques, **sizhun Fask**, la semaine de Pâques ; **Lun Fask**, le lundi de Pâques, et ainsi de suite pour tous les jours de la semaine sainte : **Meurzh Fask, Merc'her Fask, Gwener Fask, Sadorn Fask** et **Sul Fask**. D'autres mots entraînent ce phénomène : **taol Fask** : la table de Pâques (= où l'on communie) ; **oan Fask** : l'agneau pascal ; **an aviel Fask**, l'Évangile qui est lu le dimanche de Pâques ; **dour Fask**, l'eau de Pâques (= celle que l'on va chercher après la bénédiction de l'eau le samedi saint).

Krennlavarioù (proverbes)

Nombreux sont les proverbes et dictons se rattachant à Pâques et chacun d'entre eux connaît souvent plusieurs versions ; en voici quelques-unes : **Pask diwezhat, bloavezh diwezhat**, Pâques tardives, année (= végétation) tardive. **Meurlarjez e toull an nor, Pask e-tal an tan**, Mardi-gras au pas de la porte, Pâques au coin du feu. **Pask gleborek, Eost baraek**, Pâques humides, abondance de pain en août. **Etre Meurlarjez ha Pask, seizh sizhun nask-ha-nask, Etre Pask ha Pantekost, seizh sizhun lost-ha-lost**, entre mardi-gras et Pâques, sept semaines corde à corde, entre Pâques et la Pentecôte, sept semaines queue à queue (= il y a sept semaines entre les Gras et Pâques et autant entre Pâques et la Pentecôte). **Deiz Sul Fask e torr ar vuoc'h he nask**, le jour du dimanche de Pâques la vache rompt sa corde ; autre version : **d'ar Sul Fask e lamm ar saout dreist o nask** : le dimanche de Pâques les vaches sautent par-dessus leurs liens.

Après le mot **gouelioù** (fêtes) le mot **Pask** est invariable

La locution **Yaou Bask** ou **Yaou Fask** désigne le jeudi de l'Ascension, et non pas le jeudi saint, qui se dit **Yaou Gamblit**.

D'ar Sul Fask e lamm ar saout dreist o nask,
le dimanche de Pâques les vaches sautent par-dessus leurs liens.

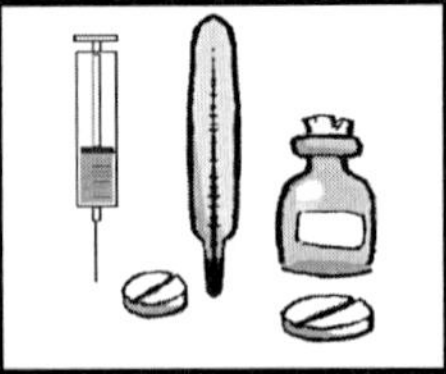

Être malade

Klañv est l'adjectif courant qui veut dire malade. Il connaît un dérivé masculin **kleñved** qui désigne la maladie, et il a également donné un verbe **kleñvel** qui signifie tomber malade ; on ne dira donc pas **kouezhañ klañv** (tomber malade) qui serait une traduction directe du français et du piètre breton. Au lieu du verbe **kleñvel**, on emploie aussi l'expression **chom klañv** (rester malade = tomber malade). Cet adjectif **klañv** peut être également employé substantivement : **ur c'hlañv**, un malade, le pluriel étant alors **kleñvien**. Mais la langue courante emploie **un den klañv** : un homme malade.

Ce terme connaît quelques dérivés : **klañvidik** se dit de quelqu'un de maladif, de même de **kinglañv**. **Ur glañvenn** désigne un endroit malade. **Klañvdi** est un ancien terme qui autrefois désignait les ladreries et qu'on rencontre souvent en toponymie ; il est parfois utilisé dans la langue moderne pour désigner l'hôpital, concurremment avec **ospital** ; on reconnaîtra le mot **ti** (maison) dans le deuxième élément de **klañvdi**.

La fièvre

An derzhienn, la fièvre. On utilise **ur gwrezverker**, un thermomètre pour prendre la température ; je ne parle pas là de la fameuse **terzhienn logod**, la fièvre des souris, qui désigne le tremblement significatif du matin bien connu des fêtards et autres joyeux drilles qui usent et abusent de la dive bouteille...

Comme en français, associé à d'autres mots, **terzhienn** peut désigner certaines maladies. Ainsi **an derzhienn velen**, la fièvre jaune, **an derzhienn domm**, la typhoïde... Il peut être remplacé par **kleñved** : **ar c'hleñved sec'h**, la maladie sèche désignait le mal des poitrinaires. Quant à la maladie dure, **ar c'hleñved kalet**, c'est un bel euphémisme qui désigne... la constipation !

Le médecin

L'homme de l'art, le docteur en médecine, a plusieurs appelations en breton. La plus courante actuellement est **medisin** ; c'est, on le voit, un emprunt direct au français. Un autre terme plus ancien, **mezeg**, qui est plus en faveur chez les puristes, est lui un emprunt au latin **medicus**. Le dérivé **mezegiezh** traduit le français **médecine** dans ses différentes acceptions, sans oublier **ar vezegiezh kuñv**, la médecine douce... Les Vannetais ont un terme qui leur est propre : **sourzien**, il semble être emprunté au français **chirurgien**, sa ressemblance à **sorcier** doit être un hasard, du moins on l'espère...

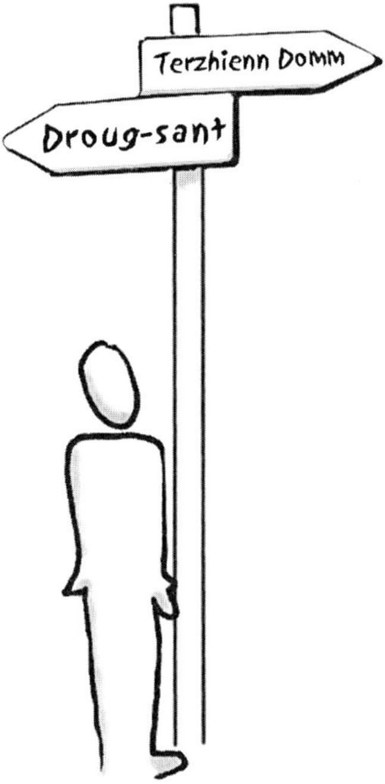

De l'art de s'adresser à l'homme de l'art...

Ce que l'on appelle les niveaux de langue, c'est-à-dire le choix des mots suivant le contexte ou les gens auxquels on s'adresse, dictent le choix des termes ; ainsi, de la même manière que l'on différencie **pisse** et **urine**, ou bien **merde** et **selles**, le Breton, homme bien élevé et soucieux de langage, saura différencier **staot** (pisse) et **troazh** (urine), et plus matériellement parlant **kaoc'h** (merde) et **fank** (selles) ; pour ces dernières, un terme plus ancien **mours**, a survécu dans le mot **mourouz**, qui ne désigne plus que les simples crottes de nez... Amis poètes, nous en resterons là.

Troioù-lavar
(expressions)

Bezañ en e gleñved diwezhañ, être dans sa dernière maladie (= à l'article de la mort). **Kouezhañ eus an derzhienn domm en droug-sant**, tomber de la typhoïde en épilepsie (= de Charybde en Scylla).

La famille

Le mot **ti**, maison, a donné un dérivé **tiegezh** qui désigne la famille, celle qui habite sous le même toit. La famille au sens large, qui regroupe toutes les parentés, est désignée par le terme **familh** qui est un emprunt au français.

Le mot **ozhac'h** désigne le chef de famille. **An tad** le père, **ar vamm** la mère, **ar vugale** les enfants. Le mari et la femme sont **ar gwaz hag ar wreg**, le fils et la fille **ar mab hag ar verc'h** (= **ar vugale** : les enfants, singulier **bugel**), la sœur et le frère **ar c'hoar hag ar breur**.

Ozhac'h, mab, breur, gwreg ont des pluriels irréguliers : **ezhec'h, mibien, breudeur, gwragez**. Le mot **plac'h** se traduit également par « fille » mais n'a pas de sens filial, c'est le correspondant féminin de **paotr**, garçon, qui lui prend parfois le sens de fils.

Les parents

Le mot **kar**, parent, qui est à la fois adjectif et substantif a un pluriel **kerent** et s'emploie pour désigner la parentée : **kar nes** proche parent, **kar pell** parent éloigné. Mais pour ce qui est de l'autre sens de parents (père et mère), on emploie le pluriel **tud** (qui est le pluriel de **den** : homme), **ma zud** mes parents. Lorsque l'on parle de ses proches parents on emploie souvent l'expression **ma re** : les miens.

Les ancêtres

En remontant on a **an tad-kozh hag ar vamm-gozh**, le grand-père et la grand-mère, **an tad-kuñv hag ar vamm-guñv**, le bisaïeul et la bisaïeule, **an tad-iou hag ar vamm-iou**, le trisaïeul et la trisaïeule. Le pluriel se forme sur **tud** : **tud-kozh** grands-parents, **tud-kuñv** bisaïeuls, **tud-iou** trisaïeuls.

La belle-famille

En rajoutant l'adjectif **kaer** (beau) aux autres noms, comme en français, on obtient tous les membres de la belle-famille : **an**

Krennlavarioù
(proverbes)

N'eus ket a diegezh hep buanegezh il n'y a pas de famille sans colère (= scènes de ménages !). **Gwell eo deskiñ mabig bihan / Eget dastum madoù dezhañ** il vaut mieux instruire le petit garçon que lui amasser des biens.

tad-kaer le beau-père, **ar mab-kaer** le beau-fils, **ar vamm-gaer** la belle-mère, **ar c'hoar-gaer** la belle-fille. Le dialecte vannetais connait un autre système qui rajoute le suffixe **-eg** : **tadeg, breureg, mabeg, c'hoareg** valent pour beau-père, beau-frère, beau-fils, belle-fille. L'ancienne langue possédait deux autres mots **gouhez** ha **deuñv**, pour bru et gendre.

L'oncle **an eontr** et **ar voereb**, la tante : les enfants emploient aussi ces deux termes pour s'adresser aux anciens, même s'ils sont étrangers à leur famille. De même, les anciens apostrophent volontiers les enfants en disant **ma niz** (mon neveu). Les mots **paeron** (parrain) et **filhor** (filleul) sont également employés dans les deux sens. La marraine se dit **maeronez**, mais le mot **paeron** peut s'employer en combinaison avec **tad** et **mamm**, et donner **tad-paeron** parrain et **mamm-baeron** marraine.

Le mot **kenderv**, cousin, a un féminin irrégulier **keniterv**, cousine. **Kenderv** a donné un verbe pronominal **en em genderviñ** : se saluer (faut-il y voir l'origine de l'expression française *cousins à la mode de Bretagne ?!*) on rajoute l'adjectif **kompez** qui signifie germain : **kendirvi-gompez**, des cousins germains.

Krennlavarioù (proverbes)

Mab e dad eo Kadiou, Kadiou est le fils de son père (= tel père, tel fils) auquel répond : **Merc'h he mamm eo Katell**, Katell est la fille de sa mère (= telle mère, telle fille). Lors des baptêmes, on portait un toast gaillard et tout à fait rabelaisien au parrain : **Fest an ibil sonn, d'ho yec'hed paeron !** C'est la fête de la cheville dressée, à la votre parrain !

La parenté lointaine

An eontr-kozh hag ar voereb-kozh le grand-oncle et la grand-tante. Les cousins issus de germains sont dits **ar gevendirvi** singulier **kevenderv**. Les cousins du quatrième degré : **ar gevnianted**, leurs enfants **bugale ar gevnianted** ont une

Troioù-lavar (expressions)

Ne'm eus na kar na karrigell, je n'ai ni parent ni brouette (= pas de parents du tout, par jeu de mots sur **kar/karr**). On dit également **ne'm eus na kar, na par, na yar**, je n'ai ni parent, ni pareil, ni poule (= pas de parents du tout, par jeu de mots sur la syllabe **ar**).

Deskiñ d'e dad-kozh ober bugale-vihan, apprendre à son grand-père à faire des enfants (= apprendre à un vieux singe à faire des grimaces). **Kignat e vamm-gozh**, écorcher sa grand-mère (= tricher au jeu).

drôle de réputation, on dit à leur sujet : **bugale ar gevnianted, gwashañ kerent zo er bed, ha gwellañ ma vent dimezet** : les enfants des cousins du quatrième degré sont les pires des parents, et les meilleurs si on les marie.

Le préfixe **lez-** se rajoute à **breur** et **c'hoar** : **lezvreur** demi-frère et **lezc'hoar** demi-sœur ; il se rajoute également à **tad** et **mamm** : **leztad** second mari de la mère et **lezvamm** marâtre ; ainsi qu'à **mab, merc'h** et **bugale** : **lezverc'h ha lezvab** fille et fils d'un mariage précédent = **al lezvugale**.

Les diminutifs

Papa se dit **tata** ou **tadig** ; maman **mama** ou **mammig** ; pépé, papy **tata-kozh** ou **tadig-kozh** ; mémé, mamy **mama-gozh** ou **mammig-kozh**. Tantine, tata se dit **tintin**, et tonton **tonton**.

Kignat e vamm-gozh,
écorcher sa grand-mère
(tricher au jeu).

À table !

Ouzh taol ! C'est presque un cri de ralliement... **Ouzh taol** : à table. On dit **bezañ ouzh taol**, être à table ; **mont ouzh taol**, aller à table ; **sevel diouzh taol**, se lever de table. Pour mettre la table, le couvert, on dit **staliañ an daol** et pour la desservir **distaliañ an daol**.

On rajoute également le suffixe de contenu **-iad** au mot **taol**, aussi bien pour les mets que pour les gens : **un daoliad bouedoù saourus**, une pleine table de mets savoureux ; **un daoliad kouvidi**, une pleine table d'invités.

Le verbe « debriñ » : manger

Poent eo mont da zebriñ, il est temps d'aller manger ; **petra zo da zebriñ** ? qu'y-a-t'il à manger ? **Petra emaout o tebriñ** ? qu'es-tu en train de manger ? **Debret mat em eus**, j'ai bien mangé. **Debret em eus re**, j'ai trop mangé.

L'appétit

Comment dit-on bon appétit en breton ? La question est récurrente chez ceux qui commencent à apprendre le breton comme chez les curieux... Il existe en breton un mot **ilboued** dont le sens est : faim, appétit, manque de nourriture... Mais on ne souhaite pas « bon appétit » comme on le fait en français, il est probable qu'au retour des travaux des champs, l'appétit des Bretons n'avait pas besoin de ce genre de formule ! Cependant, à quelqu'un qui mange d'un bon appétit, on peut dire : **digor mat eo da galon 'vat** ! Ton cœur (= ton estomac) est bien ouvert !

Le mot faim, par contre, est bien présent... **Naon 'm eus** ! j'ai faim ! Si en français on a une faim de loup, en breton c'est une faim de chien : **un naon ki**. On peut également avoir une faim noire : **naon du 'm eus** ! Voire une faim rouge : **naon ruz 'm eus** !

Les couverts

Ar gontell, le couteau, pluriel **kontilli** ; **ar fourchetez**(**ioù**), la fourchette(s) ; **al loa**(**ioù**) la cuiller(s). On se sert du pluriel **loaioù** (cuillers) pour désigner l'ensemble des couverts, **ul loaioù arc'hant** : un couvert d'argent. Ce même pluriel peut également désigner un couvert de service, **ul loaioù saladenn** : un couvert à salade. Et pour le café **al loa vihan** : la petite cuillère.

L'assiette se dit tout simplement **asied**, mais ne pas oublier le suffixe de contenu lorsque l'on veut désigner ce qu'elle contient, **un asiedad soubenn** : une assiette de soupe. Même chose pour le verre, **ar werenn**, un verre de vin se dit **ur werennad win**. Ne pas mettre ce suffixe fait dire autre chose : **ur werenn win** n'est pas un verre de vin, mais un verre à vin.

Troioù-lavar

(expressions)

On a vu plus haut que le nom de la cuiller a de multiples emplois à table, on le retrouve également dans plusieurs expressions familières : **bezañ ledan eus plas al loa**, être large de la place de la cuillère (= avoir une grande bouche, ou, dit plus communément, une grande gueule !) **Lipat e loa**, lécher sa cuiller (= casser sa pipe, mourir). **Sachañ e loaioù**, tirer ses cuillers (= partir d'un endroit rapidement, se casser, se tirer).

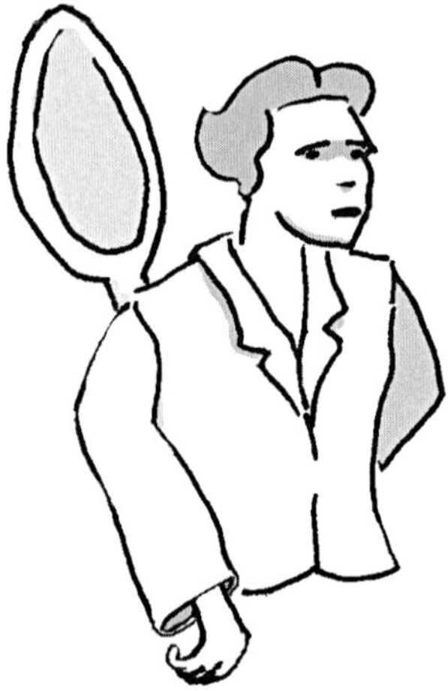

Bezañ ledan eus plas al loa,
être large de la place de la cuillère
(avoir une grande gueule).

Les repas

Ar predoù (les repas) sont ceux-ci : **lein** (petit déjeuner), **adlein** (collation de 9 h), **merenn** (déjeuner), **adverenn** (collation de 4 h), **koan** (souper). Mais, tout comme en français, ce qui est enseigné dans les livres et autres méthodes se heurte aux fabuleuses capacités populaires d'arranger les règles chacun à sa sauce...

En fait, les Bretons ne s'arrangent que sur un seul repas : **koan**, qui est le repas du soir pour tous. Pour le reste c'est selon, **lein** est parfois remplacé par l'emprunt au français **dijuniñ**, et dans ce cas **lein** est employé au lieu de **merenn**. Pour les repas secondaires, **adlein** est parfois remplacé par **gortozenn** (qui est un dérivé du verbe **gortoz** = attendre), et **adverenn** est parfois supplanté par **merenn-vihan**.

Les repas de fêtes ne sont pas oubliés et tout le monde s'accorde sur le **friko**, qui désigne spécialement le repas de noces et plus généralement un bon repas. Le réveillon se dit **fiskoan**, qui est un composé de **fest** (fête) et de **koan**. **Ar banvez** (le banquet) est un vieux mot qui signifiait autrefois « festin de femme ».

Les verbes

Les verbes généraux sont **debriñ** (manger) et **predañ** (prendre un repas). On dit plus couramment **debriñ lein, koan, merenn** (manger le petit déjeuner, le souper, le déjeuner), mais

Troioù-lavar (expressions)

Ober se n'eo ket ul lein debret, faire cela n'est pas un petit déjeuner avalé (= c'est plus fort que de jouer au bouchon). **Meuzioù beleien**, des mets de prêtres (= d'excellents mets). **Lakaat ar ber war ar billig**, mettre la broche sur la galetière (= mettre les petits plats dans les grands). **Hep e goan d'e lein**, sans son souper à son déjeuner (= il s'est couché ivre). **Debriñ e gig a-raok e soubenn**, manger sa viande avant sa soupe (= mettre la charrue avant les boeufs, mais cette expression visait également autrefois la mauvaise conduite avant le mariage...).

chaque nom de repas peut donner un verbe. Ainsi **lein** donne **leinañ** (prendre son petit déjeuner), **merenn** donne **merennañ** (déjeuner), **koan** donne **koaniañ** (souper), **fiskoan** donne **fiskoaniañ** (réveillonner) et **banvez** donne **banvezañ** (festoyer).

Si un jour quelqu'un vous dit : **deus du-mañ gant da goan** (viens chez moi avec ton souper), n'en déduisez pas hâtivement qu'il vous faudra venir *avec* votre gamelle... C'est la manière bretonne d'inviter quelqu'un à manger.

Deus du-mañ gant da goan,
viens chez moi avec ton souper
(je t'invite à souper).

Krennlavarioù
(proverbes)

A-van-da-van ez a merenn da goan, petit à petit le déjeuner devient le souper (= petit à petit l'oiseau fait son nid). **Pred fall ha pred mat / A zalc'h un tiegezh e stad** Mauvais repas et bon repas, tiennent un ménage en bon état. **Mirout ur skudellad laezh a-benn koan** garder une écuellée de lait pour le souper (= garder une poire pour la soif).

Les vêtements

Le terme général qui signifie vêtements est, au pluriel **dilhad**, et l'on dit, pour un vêtement **ur pezh dilhad** (une pièce de vêtements). Bien que l'on emploie couramment comme en français le verbe **lakaat** (mettre) au lieu de **gwiskañ** (vêtir), le deuxième est d'un emploi plus correct, du moins d'un style plus relevé. **Gwiskañ e vantell, e dog, e votoù** (vêtir son manteau, son chapeau, ses chaussures), le contraire étant **diwiskañ**.

Dilhad traoñ ar c'horf
(habits du bas du corps)

Le mot **botez** signifie chaussure, le pluriel : **ur re votoù** ou **ur botoù** vaut pour la paire, mais un deuxième pluriel, **boteier** vaut pour un nombre indéfini de chaussures, comme dans un magasin. La même règle vaut pour les chaussettes et les bas : **loer, loeroù, loereier** et les pantalons **ur bragoù, brageier**. Le nom des pantalons **bragoù** est de la famille du mot **braie**, qui désignait les pantalons gaulois. Ils sont également désignés par les mots **lavreg** et **otoù** (qui vient de l'ancien français hauts-de-chausse). **Ar vrozh**, la jupe.

Le mot **sae** est généralement traduit par robe, mais il a un sens plus général de vêtement, pour femme ou homme, qui enveloppe le corps. Ainsi, suivi d'un autre terme, il prend des sens différents : **sae-splujañ** combinaison de plongée, **sae-gouronkañ** maillot de bain (féminin), **sae-vanac'h** bure de moine, **sae vailhek** cotte de maille...

Dilhad laez ar c'horf
(habits du haut du corps)

La chemise a deux noms **ar roched**, pour les hommes, et **an hiviz**, pour les femmes. **Ar c'horfenn** le corsage, **ar stammenn** le pull-over, à rapprocher du verbe **stammañ** (tricoter) ; **ar chupenn** ou **ar porpant**, désignent la veste. **Ar jiletenn** le gilet, **ar vantell** le manteau, **ar**

Krennlavar
(proverbe)

Kant bro, kant giz, / Kant maouez, kant hiviz, / Kant parrez, kant iliz (cent pays, cent guises, cent femmes, cent chemises, cent paroisses, cent églises).

vantell-c'hlav l'imperméable (le manteau-pluie). Certains de ces vêtements recouvrent les bras par des manches : **ar milginoù**. Ce dernier terme tend à être remplacé par l'emprunt français **manchoù**.

Ar pennwiskoù
(les coiffures)

An tog le chapeau, **ar c'hoef** la coiffe, **ar boned** le bonnet, **ar gasketenn** la casquette, **ar galabousenn** : ce terme désignait autrefois le vêtement des goémoniers du pays Pagan, ailleurs c'était une coiffure grossière en peau de bête, aujourd'hui il a pris le sens moderne de cagoule... **An talgenn** le bandeau (mot dans lequel on reconnaît **tal**, le front).

An dilhad dindan
(les sous-vêtements)

Ne pas confondre **ar bragoù bihan** la petite culotte, et **ar bragoù berr** les pantalons courts (= le short). **Ar c'hrez dindan** le maillot de corps.

Dilhad all
(autres vêtements)

Ar mouchouer, cet emprunt français du mot *mouchoir* a pris le sens de châle, attention aux faux amis... Pour le nez, on se sert du **frilien**.

Ar manegoù les gants, **ar mitonoù** les moufles, **ar gouriz** la ceinture, **ar brikoloù** les bre-

Troioù-lavar
(expressions)

Ober dilhad nevez da unan bennak : faire de nouveaux vêtements à qqun. (médire de qqun.) ; cette expression a pour équivalent **pikañ chupenn unan bennak** (piquer la veste de qqun.), c'était paraît-il la spécialité des tailleurs... On peut l'apparenter au français *tailler un costard*. **Gwiskañ porpant unan bennak** : mettre la veste de qqun, correspond au français *chausser les bottes de qqun.*, c'est-à-dire lui succéder. **Gwisket en deus sant Erwan e vragoù glas** : saint Yves a mis son pantalon bleu (= il fait beau temps).

Lakaat e voned ruz : mettre son bonnet rouge (= être dans une colère noire), l'expression fait sans nul doute référence à la révolte bretonne des Bonnets Rouges de 1675. **C'hoari gant e voned** : jouer avec son bonnet, traduit le français travailler du chapeau, mais pour une femme on dira **c'hoari gant he c'hoef** : jouer avec sa coiffe. **Ar c'hoef hag an tog zo ganti** : elle porte la coiffe et le chapeau, ou, en français, elle porte la culotte. **Kemer e voned evit e dog** : prendre son bonnet pour son chapeau (= se tromper de beaucoup, autrement dit prendre des vessies pour des lanternes). **Gwiskañ e vanegoù war an tu gin** : mettre ses gants à l'envers (= avoir une attitude hypocrite).

telles, **ar skerb** l'écharpe, qui vaut également pour celle du maire, **an davañjer** le tablier.

Troiennoù (locutions)

L'emploi du mot **tog** (chapeau) est remarquable dans certaines locutions de sens figuré qui désignent la maréchaussée ; la plus courante est **beg-e-dog**, qui signifie : la pointe de son chapeau, mais une phrase comme **diwallit, erru eo beg-e-dog** met tout le monde sur le qui vive et se traduirait très bien par : 22 v'là les flics ! On dit aussi dans le même sens **paotr-e-dog** (l'homme au chapeau), **an togoù korniek** (les chapeaux à cornes).

Le terme **sae** a un dérivé en **ad** (qui indique le contenu) et qui traduit le français *volée de coups*. **Ur saead en deus bet diganin** est totalement incompréhensible dans sa traduction littérale (un contenu de robe il a eu d'avec moi), on doit comprendre : je lui en ai mis une ! On peut préciser **ur saead taolioù, ur saead vazhadoù** (une volée de coups, de coups de bâton).

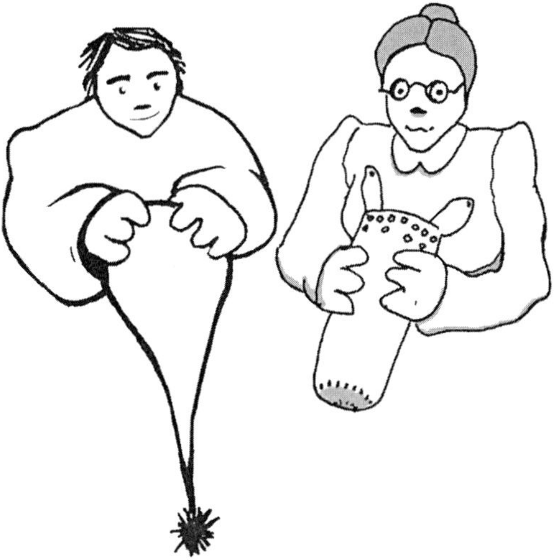

C'hoari gant e voned ; c'hoari gant he c'hoef,
jouer avec son bonnet ; jouer avec sa coiffe (travailler du chapeau).

L'été

Erru an hañv ! L'été est arrivé ! La saison porte à la bonne humeur, témoin ce brave patron d'un chien trégorrois invitant son animal préféré à vérifier si ses copines étaient d'humeur volage : **c'hwil 'ta, ki, erru eo an hañv !**

Le terme a donné quelques dérivés : **hañvezh**, la durée de l'été et **hañvezhiad**, le contenu de la durée de l'été. L'adjectif **hañvek** pour les fruits, **frouezh hañvek** : des fruits d'été. Le verbe **hañviñ**, passer l'été dans un endroit (en vacances ou au travail...). Et, de même manière qu'« été » a donné « estivant » en français, le breton **hañv** a donné **hañvour** dans le même sens. On le retrouve également dans le nom de lieu **Hanvec** (**hañveg**) : probablement lieu d'estivage des troupeaux.

Kala-hañv, les calendes d'été, désigne le premier mai, le début de l'été des anciens Bretons, connu également sous l'appellation de **kelig-an-hañv**, qui va jusqu'à **kala-goañv**, les calendes d'hiver, le premier novembre, qui marquait le début de l'hiver. **En hañv bras**, dans le grand été (= en plein été).

On trouve encore le terme **hañv** en composition dans le nom du printemps : **beg an hañv**, le bec, le début de l'été, **an nevez-hañv**, le nouvel été ; et dans le nom de l'automne : **an dilost-hañv**, la queue de l'été, **diskar an hañv**, le déclin de l'été.

E barr an hañv ou **e gor an hañv**, au cœur, au fort de l'été.

Noms de plantes et d'animaux

Bokedoù-an-hañv, les fleurs d'été (= les primevères). **Gavrig-an-hañv**, la petite chè-vre de l'été (= la bécassine, paraît-il à cause de la ressemblance entre le bruit que fait le mâle avec ses plumes et le cri de la chèvre).

Rimadell (comptine)

Korrig-an-hañv, le petit nain de l'été ; comptine pour enfants : **Bim baom, korrig-an-hañv, pelec'h emaoc'h e-pad ar goañv ? / 'Barzh un toullig, 'barzh an douar, da c'hortoz an amzer klouar** : bing, bang, petit nain de l'été, où êtes-vous pendant l'hiver ? / Dans un petit trou, dans la terre, en attendant le redoux.

Yarig-an-hañv, la petite poule de l'été (= le papillon, que l'on surnomme aussi **aelig-hañv**, petit ange d'été).

Troioù-lavar ha krennlavarioù
(expressions et proverbes)

Ober e neizh a-raok an hañv, faire son nid avant l'été (= faire un enfant avant d'être marié).

N'eo ket un devezh heol tomm a ra an hañv, ce n'est pas une journée de soleil qui fait l'été (correspond au français *une hirondelle ne fait pas le printemps*). **Ebrelig divaskell an hañv / A lak ar goukoug da ganañ**, petit avril ailes de l'été, fait chanter le coucou. **An tan a vez fouge ennañ e-pad an hañv o vezañ n'eus ket ezhomm anezhañ**, le feu est fier pendant l'été étant donné qu'on n'a pas besoin de lui. **Me 'garje bezañ ki e-kerzh ar goañv, kazh e-kerzh an hañv, kole-tarv da viz Mae, ha keginer da Veurlarjez**, je voudrais être chien l'hiver, chat l'été, taurillon au mois de mai et cuisinier aux Gras.

L'hiver

Ar goañv zo deuet, l'hiver est arrivé... Le terme a plusieurs dérivés, dont **goañvezh**, la durée de l'hiver, et **goañvezhiad**, le contenu de la durée de l'hiver. On connaît également le verbe **goañviñ**, passer l'hiver (dans un endroit quelquonque, comme le font certains animaux). On retrouve aussi **goañv** dans **goañvenn**, qui désigne une engelure. Noter que pour les Bretons, l'hiver ne démarre pas au 21 décembre, mais au début novembre, que l'on nomme **kala-goañv** (= les calendes d'hiver), ceci remonte au fait que l'on ne comptait que deux saisons : **an hañv**, l'été et **ar goañv**, l'hiver. **Kala-goañv** coupe donc l'année celte en deux, ce qui correspond à l'Halloween dont on nous rebat les oreilles à coups de citrouilles... Si l'on doit en prendre pour longtemps, peut-être pourrait-on penser à le rebaptiser **kala-goañv**...

Le mot **goañv** s'emploie aussi accolé à son opposé **hañv** pour signifier toute l'année : **hañv-goañv**, tout comme on le fait pour **noz-deiz** (nuit-jour = sans arrêt).

Froid et froidure

Pour exprimer l'idée de froid, on a en breton plusieurs termes. Le froid que l'on ressent se dit **riv** ; j'ai froid peut, à partir de ce mot, se dire de deux façons : **riv 'm eus**, ou bien **rivet on**. Dans certains pays on préfère le terme **anoued**, et l'on dit **anoued 'm eus**.

Le froid qu'il fait, autrement dit la froidure, se dit **yenijenn**. C'est un dérivé de l'adjectif **yen**, qui signifie froid. Il fait froid se dit **yen eo an amzer** (froid est le temps), ou plus simplement **yen eo** (froid est). Mais ce terme **yen** ne peut pas remplacer **riv**, et il est incorrect de dire **yen 'm eus** pour j'ai froid.

Les mois noirs

C'est par le surnom de **mizioù du** (mois noirs) que l'on désigne aussi les mois de

Krennlavarioù
(proverbes)

Pa vez erc'h war an douar / Ne vez na tomm na klouar, quand il y a de la neige sur la terre, il ne fait ni chaud ni tiède. **Goañv abred / Goañv bepred**, hiver prématuré, hiver de longue durée.

novembre et décembre, et la couleur noire est souvent associée aux conditions climatiques difficiles. Ainsi on dira **yen-du eo an amzer** (froid-noir est le temps = il fait très froid) ; si en français on parle d'un froid de canard, c'est d'un froid de chien que l'on parle en breton, **yen-ki eo**.

Du est également associé au mot **skorn** (glace) **: skorn du**, de la glace très dure, épaisse... Si l'on connaît aussi en breton la gelée blanche, **ar rev gwenn**, on connaît également **ar rev du**, la gelée noire, qui désigne une très forte gelée. Et, particularité bretonne, la neige également peut être noire... **Bloavezh an erc'h du** (l'année de la neige noire) désigne un moment fort éloigné dans le passé, et l'on dit de quelqu'un que l'on n'a pas vu depuis longtemps : **ne'm eus ket eñ gwelet abaoe bloavezh an erc'h du** (je ne l'ai pas vu depuis l'année de la neige noire).

Le travail

Al labour, le travail. C'est un mot qui connaît de nombreux dérivés et composés : le verbe **labourat**, travailler ; les noms **labourer**, travailleur ; **labourer-douar**, cultivateur ; **labouradeg**, l'endroit où l'on travaille (l'atelier, l'usine) ; **labour dorn** ou **labour korf**, travail manuel ; **labour spered**, travail intellectuel ; les adjectifs **labourus**, laborieux, qui donne du travail ; et employé avec le préfixe **di-**, qui donne aux mots un sens opposé, **dilabour**, le chômage. **Harz-labour** ou **diskrog-labour**, la grève.

Micher, métier est en breton un mot féminin ; on dira donc **ur vicher** : un métier. Il a donné les mots **micherour**, ouvrier (**ur micherour**, un ouvrier ; **ur vicherourez**, une ouvrière).

De **implij**, emploi, on tire **implijer**, employeur et **implijad**, employé.

Quelques phrases usuelles

War beseurt micher out ? sur quel métier es-tu ? (= quel est ton métier ?). **War beseurt micher e vi ?** sur quel métier seras-tu ? (= quel métier feras-tu ?).

Deskiñ ur vicher, apprendre un métier. **Un den a vicher**, un homme de métier (= un spécialiste).

E ti biv e labourez ? chez qui travailles-tu ? **O klask labour emaon**, je cherche du travail. **Kollet em eus ma labour**, j'ai perdu mon travail. **Kavet em eus labour**, j'ai trouvé du travail. **Poent eo stagañ d'al labour**, il est temps d'attacher au travail (= de se mettre au travail). **Gouel al labourerien**, la fête des travailleurs (1er mai).

Krennlavarioù (proverbes)

Diouzh al labour, ar micherour, selon le travail, l'ouvrier (= on juge l'ouvrier à son travail). **El labour emañ ar yec'hed**, la santé est dans le travail. **Mil micher, mil mizer**, mille métiers, mille misères. **An tu zo an hanter eus al labour**, la bonne manière de s'y prendre fait travailler deux fois plus vite.

Troioù-lavar
(expressions)

Labourat evel ur c'hi, travailler comme un chien (ou : **evel ur marc'h**, comme un cheval, **evel ul loen**, comme un animal) sont des expressions qui signifient travailler beaucoup, durement ; de ces expressions on a tiré **ur c'hi labour**, un chien de travail (= une personne qui travaille beaucoup, qui aime le travail, on dit également **ur marc'h labour**, un cheval de travail). **Labourat a-lazh-korf**, travailler à tue-corps (= travailler très durement). **Labourat evel ma kac'h ar saout en noz**, travailler comme les vaches chient la nuit (= à l'à peu près, par dessous la jambe). **Yannig e vil vicher**, Jeannot aux mille métiers (= personne instable dans sa vie professionnelle), on rajoute souvent pour la rime : **a varvas 'barzh ar vizer !** (qui mourût dans la misère). **Labour wenn**, travail blanc (= travail qui ne sert à rien). **Ober labour tri**, faire le travail de trois (= travailler comme quatre).

Labour wenn,
travail blanc
(travail qui ne sert à rien).

Le sommeil

Quelques phrases usuelles

Menel kousket s'endormir, **manet eo kousket** : il s'est endormi. **Kousket mat em eus** : j'ai bien dormi. **Kousket mat eo** ou **kousket c'hwek eo** : il dort bien. **Kousket kloz eo** : il dort profondément (aussi : **kousket kalet eo, kousket mik eo**). **Kousket fall a ran** : je dors mal habituellement. **Mont a ran da gousket** : je vais me coucher. **Poent eo mont da gousket !** : il est temps d'aller dormir ! **Ne'm eus ket kousket banne** : je n'ai pas dormi du tout.

L'adjectif **skuizh** est connu même des non-bretonnants : il signifie **fatigué** ; il a donné le verbe **diskuizhañ** : (se) reposer.

Dans un précédent article, nous avons vu que le lit se dit **ar gwele** en breton ; pluriel **ar gweleoù**. Le verbe dormir se dit lui : **kousket**. Aller se coucher, aller dormir, se dit **mont da gousket**. Mais ce verbe ne traduit pas le français (**se**) **coucher** (qui lui signifie avant tout (s') allonger, et non pas dormir) ; dans ce sens on dit **gourvez**.

Langage des enfants

Bien que celui-ci soit passé de mode, il subsiste encore pour parler du lit et du sommeil. Le lit est dit le plus souvent **an toutou**; **mont d'an toutou** : aller au lit. On dit également **ober toutou**, comme on dirait dans le même registre en français **faire dodo**. Ce terme se retrouve dans une berceuse : **toutouik loñ-la, ma mabig, toutouik loñ-la**. Il semble avoir aussi un dérivé **toutoun**, qui désigne le berceau (ordinairement nommé **ar c'havell**).

Dodo se traduit d'autres manières : on dit également **al lala** : le lit ; **ober lalaig d'ur babig** : bercer un bébé. On dit aussi **mont d'ober nañ-nañ** : aller faire dodo.

Emplois figurés

Au lieu du verbe **kousket**, on emploie familièrement le verbe **plouzañ** : se mettre dans la paille, son contraire **diblouzañ**, sortir de la paille s'utilise pour **se lever**. On emploie aussi le verbe **kludañ** : (se) percher. Ainsi : **mont da gludañ** ou **mont da**

Krennlavarioù
(proverbes)

Da louarn kousket ne zeu tamm boued, au renard qui dort ne vient pas de nourriture. **Ar c'housked zo hanter voued**, le sommeil est demi-nourriture (correspond au proverbe français **qui dort dîne**) ; une autre version bretonne de ce proverbe : **kousket ha leinañ zo memes tra** (dormir et déjeuner sont la même chose).

blouzañ traduirait bien les expressions argotiques aller se pieuter, aller se pager ; et le mot **klud**, perchoir, peut s'employer pour **pieu, pageot, pucier**...

On emploie le mot **kousk** ou **hun** pour désigner un somme. **Ober ur c'housk** ou **kemer ur c'housk**, faire un somme. On utilise aussi le dérivé **kouskadenn**, terme qui, dans le registre figuré, désigne une personne manquant singulièrement d'allant, un peu comme on dirait en français **un endormi**.

Ur c'housker : un dormeur. Ce terme, tout comme en français, désigne aussi bien une personne endormie que le crabe nommé également tourteau ; dans ce dernier sens, on emploie aussi ce mot au féminin : **ur gouskerez**.

Le terme **hun** est d'une utilisation moins courante, sauf dans le dialecte du pays de Vannes. Mais on le retrouve partout dans le dérivé **dihunañ** : (se) réveiller.

Troioù-lavar
(expressions)

Mont da zebriñ bara gwenn d'ar Roc'h, cette expression typiquement trégorroise signifie littéralement **aller manger du pain blanc à la Roche-Derrien**, il faut y voir un jeu de mots sur le nom de cette dernière ville que l'on nomme en breton **Ar Roc'h-Derrien**, plus communément **Ar Roc'h** ou **Kêr Roc'h**... Le jeu de mots est fait avec la racine du verbe ronfler, qui se dit **roc'h**(**al**), ce qui fait que cette expression signifie aller dormir. **Kousket e kambr ar stered**, dormir dans la chambre des étoiles, **kousket e-barzh liñselioù sant Pêr**, dormir dans les draps de saint Pierre : ces deux expressions traduisent le français **dormir à la belle étoile**, de même que **lojañ e maner lonk-avel** (loger au manoir d'avalevent).

La sieste

Moment sacré pour certains, elle est désignée en breton par plusieurs termes ou expressions : **ar c'housk-aez**, le somme du début d'après-midi ; **ar c'housk-kreistez**, le somme de midi ; **ar c'housk-ehan**, le somme de pause. Le mot **pennadig**, petit moment, par extension de sens est également employé dans le sens de sieste : **ober ur pennadig**.

La sieste du matin, dite grasse-matinée, est dite classiquement **ar c'housk-mintin**, le somme du matin ; d'une manière plus imagée on dira **chom d'ober teil tomm** : rester à faire du fumier chaud.

Troioù-lavar
(expressions)

Kousket evel ki milin, dormir comme un chien de moulin (= ne dormir que d'un œil). **Mont da voueta ar c'hwen**, aller nourrir les puces (= aller au lit). **Kas unan bennak da gousket**, envoyer quelqu'un dormir (= l'envoyer promener). **Mont da glask arc'hoazh beure**, aller chercher demain matin (= aller se coucher). **Kousket evel ur bleiz**, dormir comme un loup (= profondément). **Kousket evel ur varrikenn**, dormir comme une barrique (= profondément). **Pouezañ butun**, peser du tabac (= dodeliner de la tête à table lorsque le sommeil vous gagne). **Kousket evel ur roc'h** : dormir comme une roche, traduit exactement le français **dormir comme une souche** ; on entend parfois **kousket evel ur broc'h**, dormir comme un blaireau, mais c'est par confusion avec une autre expression : **roc'hal evel ur broc'h**, ronfler comme un blaireau. **Mont da gêrhun**, aller à ville-sommeil (= aller dormir, par jeu de mot sur **kêr**).

L'école

Ar skol, l'école... si longtemps abhorrée des jeunes Bretons qui durent y oublier leur langue à grands coups de symbole et de punitions diverses ! Le terme a donné les dérivés **skolaer**(**ez**), instituteur(trice), **skoliad**, écolier (pluriel **skolidi**) et les verbes **skoliañ** ou **skoliata**, instruire.

Le verbe **deskiñ** connaît la même ambiguïté que le français « apprendre », puisqu'il signifie également « enseigner » ; il a comme dérivé commun le mot **deskadurezh**, instruction, **deskard**, apprenti et l'adjectif **desket** dans : **un den desket**, un homme instruit et son contraire **dizesk**, ignorant.

Le verbe qui signifie proprement « enseigner » est **kelenn** qui a donné **kelenner**, enseignant, professeur ; **kelennadurezh**, enseignement.

Quant à **studiañ**, qui signifie « étudier », il a donné **studier**, étudiant et l'adjectif **studiet** qui signifie « instruit », comme **desket**, dans **un den studiet**.

Troiennoù
(locutions)

Skol al louarn, l'école du renard (= l'école buissonnière ; remarquer que la même expression est employée en Haute-Bretagne) ; de là vient : **hent al louarn**, le chemin du renard (= le chemin des écoliers, qui n'est pas le plus court pour se rendre d'un endroit à un autre !)

Quelques termes et phrases usuelles

An distro-skol, la rentrée ; **mont d'ar skol**, aller à l'école ; **ar skol-vamm**, l'école maternelle, dite aussi **ar skol-vihan**, la petite école ; **ar c'hentañ derez**, le premier degré (= le primaire) ; **an eil derez**, le deuxième degré (= le secondaire) ; **ar skolaj**, le collège ; **al lise**, le lycée ; **ar skol-veur**, l'université ; **an ti-**

Krennlavarioù (proverbes)

Gwell eo deskiñ mabig bihan / Eget dastum madoù dezhañ, mieux vaut instruire son fils que de lui amasser des biens.
Sotoc'h eget an den en kelenn, plus sot que l'homme l'instruit (= on en apprend parfois par des gens qui en savent moins que soi).

skol, l'école (le bâtiment) ; **ar skol-lojañ**, l'école-loger (= le pensionnat), d'où **lojer**, pensionnaire, interne.

Ober skol, faire l'école, enseigner ; **kemer skol**, suivre des cours ; **deskiñ ur gentel**, apprendre une leçon ; **deskiñ aes**, apprendre facilement ; **echu eo ar skol**, l'école est finie.

Skol al louarn,
l'école du renard
(l'école buissonnière).

La lecture

Le verbe **lenn**, lire, a donné les dérivés **lenner**, lecteur, **lennadenn**, lecture, **lennegezh**, littérature, **helenn**, facile à lire...
Le mot **levr**, livre, a lui donné **levraoueg**, bibliothèque (dans les sens « collection de livres et local », pour le meuble on dit **armel-levrioù** = armoire à livres), **levraoueger**, bibliothècaire, **levrdi**, librairie, **levrdier**, libraire, **dornlevr**, manuel, **levrenn**, tome.

Quelques phrases et vocabulaire usuels

Lenn ul levr, lire un livre ; **ober ur pennad lenn**, faire un bout de lire (= un moment de lecture) ; **lenn ar gazetenn**, lire le journal ; **gouzout lenn**, savoir lire ; **lenn riel**, lire couramment ; **bezañ kreñv war al lenn**, être fort sur le lire (= aimer lire) ; **deskiñ lenn**, apprendre à lire ; **keinañ ul levr**, relier un livre ; **amprestañ ul levr el levraoueg**, emprunter un livre à la bibliothèque.

Kein ul levr, le dos d'un livre (= la reliure, d'où le verbe **keinañ**, relier) ; **kof ul levr**, le ventre d'un livre (= la tranche) ; **golo ul levr**, la couverture d'un livre ; **ar pajennoù**, les pages.

Ul levr-godell, un livre de poche ; **ul levr-skol**, un livre scolaire (dit aussi **dornlevr** ou **levr-dorn** = manuel) ; **al levr-pellgomz**, le livre-téléphone (= l'annuaire).

Particularisme dialectal...

On n'emploie pas le mot **levr** pour **livre** dans le Léon... Non pas que l'on n'y sache pas lire, on y lit même plus de breton que dans les autres pays de Bretagne, mais l'influence de l'Église y a amené le mot **eurioù**, qui vient du français « livre d'heures » (recueil de prières). On emploie donc ce

Troioù-lavar (expressions)

Bezañ o serriñ e levr, être en train de fermer son livre (= être à l'agonie) ; **lenn war ar penn azen**, lire sur la tête de l'âne (= tenir son journal, son livre à l'envers !) ; **ne oar lenn ha skrivañ nemet war un tamm bara hag eur grampouezhenn**, il ne sait lire et écrire que sur un bout de pain et sur une crêpe (= il ne sait pas lire).

pluriel comme un singulier, **un eurioù** : un livre, et son pluriel est **eureier**.

Les genres littéraires

Ar romant, le roman ; **ar varzhoniezh**, la poésie (**ur varzhoneg** = un poème) ; **an danevelloù**, les nouvelles ; **ur pezh-c'hoari**, une pièce de théatre ; **un arnodskrid**, un essai ; **ur gontadenn**, un conte.

Bezañ o serriñ e levr,
être en train de fermer son livre
(être à l'agonie).

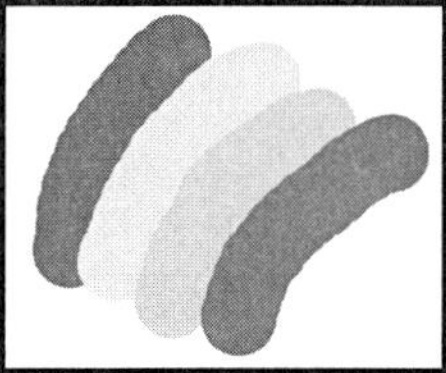

Les couleurs

C'est le mot **liv** qui désigne la couleur en breton, pluriel **livioù**. Il a donné le verbe **livañ**, peindre, colorier... et les mots **liver**, peintre, **livour**, artiste-peintre, **al liverezh**, la peinture, **al livouriezh**, la peinture (art), **livus**, qui colore, colorant, **livuzenn**, teinture (matière).

Le terme **livadenn**, couche de peinture est également employé par dérision pour désigner une très fine couche de quelque chose, telle que **ul livadenn amanenn**, une très fine couche de beurre (sur une tartine de pain, par exemple). Dans le même registre, par extension, il signifie « petite quantité », comme dans **ul livadenn deskadurezh**, une fine couche d'instruction, cf. en français « un vernis ».

Troioù-lavar
(expressions)

Livañ gevier, peindre des mensonges (= en dire) ; **hejañ per melen da unan bennak**, secouer des poires jaunes à quelqu'un (= refuser avec les formes de la politesse, faire des compliments peu sincères) ; **koll e hini glas**, perdre son bleu (= son pucelage) ; **mont war ar marc'h rous**, aller sur le cheval roux (= être jaloux).

Le nom des couleurs

Les deux « non-couleurs », blanc et noir, sont dites en breton **gwenn** et **du** (c'est également le nom du drapeau breton : le **gwenn-ha-du** = le blanc et noir). **Ruz**, rouge ; **melen**, jaune ; **gell**, brun ; **rous**, roux, marron ; **louet**, gris ; **limestra**, violet ; **mouk**, pourpre.

Glas désigne plusieurs couleurs : vert, bleu et tout ce qui est naturel ; ainsi l'herbe, le ciel, la mer, ce que l'on aperçoit à l'horizon sont **glas**, il n'y a pas d'équivalent français pour cet adjectif. Par contre, tout ce qui est vert par l'intervention de l'homme (un pull-over, un portail...) est qualifié de **gwer**.

Comparaisons

Ruz evel kribell ur c'hilhog, rouge comme la crête d'un coq ;

ruz evel ur gerezenn, rouge comme un cerise ; **ruz evel ar glaou**, rouge comme le charbon (un tison) ; **ruz evel ur forn**, rouge comme un four.

Melen evel ar c'hoar, jaune comme la cire ; **melen evel ar beuz**, jaune comme le buis ; **melen evel an aour**, jaune comme l'or ; **melen evel ar segal**, jaune comme le seigle.

Glas evel glizin, bleu comme des bleuets ; **glas evel lin**, bleu comme du lin ; **glas evel ar mor**, bleu comme la mer ; **glas evel kaol**, vert comme des choux.

Du evel revr ar billig, noir comme le cul de la galettoire ; **du evel askell ar vran**, noir comme l'aile du corbeau ; **du evel peg**, noir comme de la poix ; **du evel an noz**, noir comme la nuit ; **du evel ar pec'hed**, noir comme le péché ; **du evel ar mouar**, noir comme les mûres ; **du evel ur born pikez**, noir comme un as de pique.

Gwenn evel ur c'hoef, blanc comme une coiffe ; **gwenn evel strinkenn an erc'h**, blanc comme l'éclat de la neige ; **gwenn evel al laezh**, blanc comme le lait. Les termes désignant les couleurs peuvent être précédés d'un préfixe comme **dam-**, ou **ar-** qui leur donne un sens comme le nom des couleurs en français finissant par **-âtre** : **damwenn / arwenn** = blanchâtre : **damruz / arruz** = rougeâtre ; **damzu / arzu** = noirâtre ; **damvelen / arvelen** = jaunâtre...

Krennlavar
(proverbe)

Bezo du, bezo gwenn / Pep gavr a gar he menn, qu'il soit noir ou qu'il soit blanc, chaque chèvre aime son chevreau (= quels que soient leurs défauts, toutes les mères aiment leurs enfants).

Emplois figurés du nom des couleurs

Glas est employé dans **blev glas**, des cheveux poivre et sel, **ur marc'h glas**, un cheval pommelé, **pri glas**, de l'argile brune, **kroc'hen glas**, peau non encore tannée...

Ruz signifie « roux » pour les cheveux, on dit donc **blev ruz** et non pas **blev rous** ; **ar vouzellenn ruz**, le boyau rouge (= l'œsophage). **Ruz** est souvent employé comme superlatif : **ur gounnar ruz**, une colère rouge (fr. une colère noire) ; **plijadur ruz**, du plaisir rouge, un grand plaisir.

Troioù-lavar (expressions)

Ober un dro wenn, faire un tour blanc (= être bredouille) ; **dleout ur maen gwenn**, devoir une pierre blanche (= une fière chandelle) ; **bezañ gwenn e ved**, être blanc son monde (= être bienheureux).

Du est également employé dans ce sens : **naon du**, faim noire, une grande faim ; **aon du**, peur noire (français peur bleue).

Ur banne hini melen, un coup de jaune est en breton un coup de lambig, de goutte et non pas d'apéritif anisé !

Selloù rous, des regard roux désigne des regards noirs. **Moc'h rous**, des cochons roux sont de jeunes porcs que l'on laisse dehors en pâture.

Labour wenn, du travail blanc désigne du travail inutile, fait en pure perte. **C'hoarzhin gwenn**, rire blanc (= sans en avoir envie, français rire jaune).

Hejañ per melen da unan bennak,
secouer des poires jaunes à quelqu'un (refuser avec les formes de la politesse, faire des compliments peu sincères).

Le firmament

Les planètes et les étoiles : **ar planedennoù hag ar stered**. Comme dans d'autres langues, on retrouve les jours de la semaine dans le nom des planètes anciennement connues : **Meurzh** (= Mars et mardi) **Merc'her** (= Mercure et mercredi) **Yaou** (= Jupiter et jeudi) **Gwener** (= Vénus et vendredi) **Sadorn** (= Saturne et samedi). Les autres sont **Ouran** (Uranus), **Ploudon** (Pluton) et **Neizhan** (Neptune), et le tour est fait du système solaire : **koskoriad an heol**.

Le mot **stered** est un collectif et a donc valeur de pluriel ; pour une étoile on dit **ur steredenn**. Dans la langue ancienne on disait **ster ; ur sterenn**. Dans la langue moderne, ce terme est employé pour **astre**(**s**).

Le mot **stered** se retrouve dans les composés **stered-dared**, des étoiles éclairs (= des étoiles filantes) et **stered-lostek**, des étoiles à queue (= des comètes).

Ster a donné **ar stergann**, les étoiles brillantes, le firmament ; **stergannek**, étoilé : **an noz stergannek**, la nuit pleine d'étoiles.

Néologismes

Le dérivé **steredeg** désigne une constellation. Ne pas confondre **steredoniezh**, astronomie et **steredouriezh**, astrologie. Le terme **sterdead** désigne l'astronaute, le spationaute ou le cosmonaute selon que l'on soit Américain, Français ou Russe... et **sterdeadurezh** l'astronautique. L'espace, dans le sens de milieu intersidéral est dit **an egor** et un vaisseau spatial **un egorlestr**.

Troioù-lavar (expressions)

Ar blanedenn, la planète désigne également le destin, la destinée, le sort : **bezañ ganet dindan ur blanedenn vat**, être né sous une bonne planète (= une bonne étoile ; ou le contraire, **ur gwall blanedenn**). **Ar blanedenn zo warnañ**, la planète est sur lui (= le sort s'acharne sur lui). Une croyance existe à ce sujet : **diwar teir gwezh e torr ar blanedenn**, au bout de trois fois la planète se casse (= les malheurs cessent, le sort est conjuré). La chanson « Metig » bien connue dans les festoù-noz contient ces paroles : **planedenn rust ha kalet da heuliañ penn-da-benn !** Destin rude et dur à suivre de bout en bout !

Tennañ planedenn unan bennak, tirer la planète de quelqu'un (= lui dire la bonne aventure). De là, **ul lennerez planedennoù**, une liseuse de planètes (= une diseuse de bonne aventure, une voyante).

Kousket e kambr ar stered, dormir dans la chambre des étoiles (= à la belle étoile). **Bezañ kollet e steredenn**, avoir perdu son étoile (= n'être guère malin). **Bezañ kaer evel ur steredenn**, être beau, belle comme un étoile (= très beau). **Gwelet stered o parañ**, voir des étoiles briller (= voir trente-six chandelles). **Lemm eo ar stered**, les étoiles sont aiguisées (= particulièrement brillantes).

Notre satellite, la lune, se dit **al loar**. Familièrement, on l'appelle **heol ar bleizi** : le soleil des loups... Le déclin, ou décours **diskar al loar** et son croissant **kresk al loar**. On dit également **ar c'hozh** le vieux (= le déclin) et **an nevez** le neuf (= le croissant), comme dans ce dicton bien connu des paysans et jardiniers : **gwelloc'h hadañ war ar c'hozh eget war an nevez**, il vaut mieux semer sur le vieux que sur le neuf (= pendant le déclin que pendant le croissant).

Lorsque c'est la pleine-lune, **kann al loar** ou **loargann**. Quand elle se lève, **sav-loar** et

Troioù-lavar
(expressions)

Ce n'est pas sans bonheur poétique que le breton a emprunté au latin cette expression qui désigne la pleine lune : **emañ al loar en he gloria mundi**, la lune est dans son gloria mundi (la gloire du monde). D'une femme ménopausée, on dit : **aet eo al loar ganti dre ar prenestr** ou **aet eo al loar ganti dreist an ti**, sa lune est partie par la fenêtre ou, par-dessus la maison. D'un sot, nigaud, on dit : **hennezh a vez gwelet al loar en e c'henoù**, on voit la lune dans sa bouche (du fait qu'elle est toujours grande ouverte). **Sevel kestell el loar**, contruire des châteaux sur la lune (= construire des chateaux en Espagne). **Tapout al loar gant an dent**, attraper la lune avec les dents (= décrocher la lune). **Diwall al loar diouzh ar bleiz**, garder la lune du loup (la protéger du loup = dormir à la belle étoile).

quand elle disparaît **kuzh-loar**, de la même manière qu'on le dit pour le soleil : **sav-heol** et **kuzh-heol**. Le halo lunaire se dit le cercle : **ar c'helc'h**. La lunaison, période d'une nouvelle lune jusqu'à la suivante, est dite **loariad**. Le soleil de la lune, **heol al loar**, désigne le clair de lune.

Phrases usuelles

Emañ al loar war he c'hresk, la lune est sur son croissant ; **emañ al loar war he c'hann**, la lune est sur son plein ; **emañ al loar war he diskar**, la lune est sur son déclin. **Noz diloar** : nuit sans lune.

Noms d'étoiles

Ar c'harr-kamm bras, la grande charrette (= la grande ourse, nommée également **ar seizh ejen arat**, les septs bœufs de labour) ; la dernière étoile de la grande ourse se nomme **steredenn ar paotr-saout** : l'étoile du bouvier. **Ar c'harr-kamm bihan**, la petite charrette (= la petite ourse). **An tri roue**, les trois rois (= le baudrier d'Orion). **Yarig he evned**, la petite poule aux poussins (= les Pléiades). Quant à notre galaxie, la voie lactée, c'est le chemin de saint Jacques : **hent-sant-Jakez**, rapport au pèlerinage, mais il existe d'autres appellations.

Les noms des étoiles et constellations sont mal connus en breton, pour ne pas avoir été étudiés assez tôt. Si parmi les lecteurs de cette article, certains connaissent des noms, des expressions, des proverbes les concernant, merci de les envoyer à l'auteur : ils participeront à leur étude et à leur sauvegarde.

Quant à la fameuse éclipse du soleil qui nous a tant occupés en 1999, elle est dite couramment en breton : **fallaenn war an heol** ; de même pour la lune : **fallaenn war al loar**. D'autres mots existent. Le sens propre de **fallaenn** est : syncope.

Les points cardinaux

Ar pevar roud-avel, les quatre directions du vent, c'est ainsi que sont nommés les points cardinaux bretons, ou, plus simplement **ar roudoù-avel**.

Le nord, **an norzh**, dit également **an hanternoz** (= le minuit) et le sud, **ar su**, dit également **ar c'hreisteiz** (= le midi). Le nord-ouest, **ar gwalarn** ; le nord-est, **ar biz**, le sud-ouest, **ar mervent**, le sud-est, **ar gevred**. L'ouest, **ar c'hornôg** ou **ar c'hornaoueg** et l'est, **ar reter**. L'ouest se dit aussi **ar c'huzh-heol**, le couche-soleil et l'est **ar sav-heol**, le lève-soleil (= l'endroit où il se couche, où il se lève).

Verbes dérivés

Ces termes donnent des verbes indiquant la direction du vent, tels que **kornôgiñ**, virer à l'ouest : **kornôgiñ a ra an avel**, le vent vire à l'ouest. De la même manière on formera **reteriñ**, virer à l'est ; **suiñ**, virer au sud ; **norzhiñ**, virer au nord ; **merventiñ**, virer au sud-ouest ; **gevrediñ**, virer au sud-est ; **biziñ**, virer au nord-est. Quant à **gwalarniñ**, virer au nord-ouest, il veut également dire venir du nord-ouest, toujours en parlant du vent ; il a également des acceptions figurées, comme **gwalarniñ unan bennak**, gronder quelqu'un.

Quelques phrases et termes usuels

Peseurt roud emañ an avel ? de quelle direction vient le vent ? **An nadoz-vor**, l'aiguille de mer (= la boussole). **An avel zo gevred**, le vent est sud-est (= vient du sud-est). Faire attention à la construction, 1- **E reter Breizh** : dans l'est de la Bretagne, et 2- **Er reter da Vreizh**, à l'est de la Bretagne.

Krennlavarioù (proverbes)

Hent sant Jakez biz ha mervent / Kerzhit gant hoc'h hent / Hent sant Jakez gwalarn ha gevred / Klaskit porzh mat mar karet, Quand la voie lactée est nord-est—sud-ouest / Allez votre chemin quand vous voudrez / Quand la voie lactée est nord-ouest—sud-est / Cherchez un bon port si vous voulez. **Diwallit rak ar mervent kozh hag ar gwalarn yaouank**, méfiez-vous de la queue de vent venue du sud-ouest et du début du vent venant du nord-ouest.

Troioù-lavar
(expressions)

Mont er gevred, aller dans le sud-est (= mourir) ; **koll ar Sterenn**, perdre l'étoile du nord (= perdre le nord) ; **aet eo an heol e kornôg ganti**, son soleil est parti à l'ouest (= elle est ménopausée) ; **bout e gwalarn**, être au nord-ouest (= être en colère, bouder).

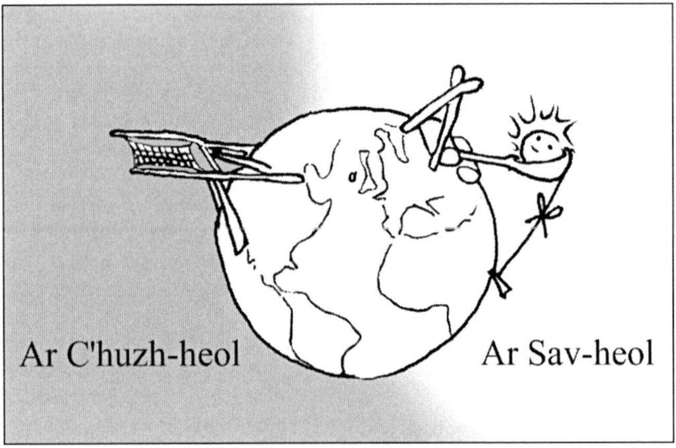

L'informatique

Ar stlenneg, l'informatique, est un domaine où désormais la langue bretonne est présente : la récente parution du livret « Windows 98 » qui avait été précédée par l'édition du dictionnaire de l'informatique de Guy Etienne en sont la preuve. Un manuel « **Internet didorr** : Internet sans peine » vient aussi de paraître. Nous sommes donc là en plein domaine des néologismes, sans lesquels aucune langue ne saurait prétendre aborder notre époque moderne et les temps à venir. Tiré d'un terme ancien **stlenn**, information, le terme a des dérivés : **stlennegour** : informaticien, **stlennekaat** : informatiser, **stlennegezh** : informatique appliquée.

Le terme breton **urzhiataer**, qui désigne l'ordinateur, vient du mot **urzh**, ordre, de son dérivé **urzhiata**, mettre en ordre. **Un urzhiataer** : un ordinateur, **urzhiataerioù** : des ordinateurs.

Quelques termes et phrases usuels

L'unité centrale, **an unvez kreiz** et ses périphériques : **ar skramm**, l'écran ; **ar c'hlavier**, le clavier ; **ar voullerez**, l'imprimante (**moullañ** : imprimer)... Et la souris, **al logodenn**.

Logiciel (software) se dit **meziant**, il est opposé à matériel (hardware) : **periant**. Un logiciel de base : **ur meziant diazez** ; logiciel de jeu : **c'hoariant**, didacticiel : **deskiant**, progiciel : **prestiant**.

Ar bladenn galet : le disque dur ; **ur bladennig** : une disquette (aussi : **ur gantennig**) ; **un urzhiataer hezoug** : un ordinateur portatif ; le mot fichier, quand il désigne un ensemble de fiches traditionnelles se dit **fichennaoueg**, mais dans le domaine de l'informatique, il se dit **restr** ; sauvegarder (ou enregister) un fichier, **gwareziñ ur restr** ; écraser un fichier, **rasklañ ur restr**.

La mémoire : **ar vemor** ; mémoire morte (ROM) **memor sonn** ; mémoire vive **memor vresk** ; memoire centrale **memor greiz**.

Internet

Pour répondre à l'anglais *E-mail* le français propose « courriel » (courrier électronique) avec un succès mitigé... Quel sera le sort du breton **postel** (abréviation de : post elektronek) ? Il figure sur le papier à en-tête de quelques entreprises.

Ar genrouedad, le réseau (ou la toile) où de plus en plus disposent d'un site : **ul lec'hienn**, mot dérivé de **lec'h** : lieu, endroit.

La langue bretonne

BRÈVE HISTOIRE ET SITUATION ACTUELLE

La langue bretonne a autrefois été parlée sur la presque totalité du territoire historique de la Bretagne. À la fin du IXe siècle, période de son extension maximale, elle l'était à l'ouest d'une ligne allant de l'embouchure du Couesnon à celle de la Loire. Il existait également des zones brittophones[1] à l'est de cette ligne, mais aussi des enclaves de langue romane à l'ouest. Au début du XXe siècle, la frontière linguistique suivait une ligne allant *grosso-modo* de Saint-Brieuc à Vannes, séparant la Bretagne en deux parties linguistiques bien distinctes, à l'est la Haute-Bretagne, de langue romane, à l'ouest la Basse-Bretagne, de langue bretonne. De nos jours, cette partition a toutefois largement perdu de sa pertinence : la Basse-Bretagne n'est plus le pays quasi monolingue qu'elle fut et, en Haute-Bretagne, des villes comme Rennes (dont environ 12 % de la population parle breton[2]) et Saint-Brieuc (qui a une école Diwan importante) en sont un exemple vivant. Ceci est dû à l'action conjuguée des mouvements de population et de la prise de conscience identitaire.

En compagnie du gallois (au pays de Galles) et du cornique (en Cornouailles britannique), le breton appartient au rameau brittonique des langues celtiques. Le second, dit rameau goïdélique, comprend les gaéliques d'Irlande, d'Écosse et de l'Île de Man. La langue bretonne est donc la seule représentante du groupe celtique sur le continent.

On répartit généralement la langue bretonne en quatre grands dialectes : le léonard, le cornouaillais, le trégorrois et le vannetais. Les

---

1 – *Brittophone*, comme adjectif signifie : *« qui parle breton » (en plt. de qqun.), « où l'on parle breton » (en plt. d'un lieu) ;* comme substantif, il signifie : *« personne qui parle breton »*. Pendant longtemps, le seul terme de *bretonnant* a existé, avec exactement le même sens. Mais les dernières années ont vu une autre acception se greffer sur ce dernier terme : *« qui défend la langue bretonne, qui s'occupe de choses bretonnes (pas uniquement la langue) »*, tant et si bien que le terme *brittophone* est apparu pour lever toute ambiguïté.

2 – Guide pratique, *Vivre à Rennes 97-98*, édité par la ville de Rennes.

limites qui fixent ces dialectes – limites qui correspondent à celles des anciens évêchés – n'ont en fait que très peu de valeur linguistique. En effet, les variantes dialectales ne s'imposent pas de but en blanc au-delà d'une ligne imaginaire, mais au fur et à mesure que l'on s'éloigne de celle-ci. Pour autant, si dialectes il y a, comme dans toute langue, l'intercompréhension ne pose guère de problèmes aux locuteurs des trois premiers. Le vannetais, quant à lui, de par quelques archaïsmes et son accentuation sur la dernière syllabe (les autres dialectes accentuent la pénultième) peut poser quelques problèmes aux oreilles paresseuses ou peu habituées aux échanges... à l'époque où la Basse-Bretagne était monolingue, tout le monde se comprenait, et les différents accents constituaient plus une carte d'identité qu'un problème d'intercompréhension... Les foires et marchés en sont une preuve flagrante : la langue bretonne y régnait en maîtresse et l'on a peine à imaginer qu'un maquignon léonard se laissât berner par un paysan d'un autre dialecte, aussi roublard fut-il !
Ceci suffit à jeter bas l'argument sempiternellement ressassé aux Bretons qu'ils ne parlent jamais le même breton que leurs voisins, ou qu'il y a plusieurs bretons, dont le bon, le vrai, l'authentique est toujours celui des autres, toujours plus à l'ouest.

Les origines

Les spécialistes se sont longtemps querellés sur le sujet. Tout le monde s'accorde maintenant sur la thèse du professeur Léon Fleuriot selon laquelle les Bretons, arrivant en Armorique dès la fin du IVe siècle avec les légions romaines, et continuant à s'y établir massivement jusqu'à la fin du VIe, suite aux invasions saxonnes en Grande-Bretagne, y rencontrèrent une population de langue gauloise. Celle-ci étant relativement clairsemée, et les deux langues appartenant au groupe celtique, la langue des arrivants prit peu à peu le dessus. Les toponymes en Plou-, Gwik-, Tre-, Lann- permettent de suivre l'établissement des Bretons en Armorique. La Manche – *Mor Breizh* en breton (mer de Bretagne) – ne constituait en rien un obstacle entre la Grande et la Petite-Bretagne, elle était au contraire l'axe de communication le plus fiable, le plus sûr, et les seules relations qu'entretint l'intelligentsia bretonne expatriée furent longtemps tournées vers les îles et non vers le continent. La Manche était en fait lien et voie de communication d'une même civilisation.
On distingue trois grandes périodes dans l'histoire de la langue bretonne : le vieux-breton (700-1100), le moyen-breton (1100-1650) et le breton moderne de 1650 à nos jours. Les spécialistes distinguent également des sous-périodes que nous laisserons ici de côté. Ces dates ont été

décidées arbitrairement par les linguistes pour commodité de travail, il est évident qu'ils ne constituent que des repères et qu'un état de langue ne change pas du jour au lendemain.
Le vieux-breton nous a laissé le plus ancien document de langue bretonne écrit actuellement connu. Il s'agit d'un fragment d'un traité de médecine qui date de la fin du VIIIe siècle. Rappelons, pour comparaison, que le plus ancien document considéré comme français date lui du milieu du IXe (les *Serments de Strasbourg*, 842).
La période du moyen-breton, beaucoup plus riche en documents (pièces de théâtre, poèmes, livres pieux…) nous a également fourni notre premier dictionnaire, le *Catholicon*, dont le manuscrit date de 1464 et la première version imprimée de 1499, encore à l'aube de l'imprimerie. Étant trilingue – breton, latin, français – c'est également l'un des tous premiers dictionnaires traitant de la langue française. La poésie d'alors se distingue par une prosodie d'une remarquable complexité, alliant la rime interne à la rime finale. Le même système de versification se retrouve au pays de Galles.
La période du breton moderne nous a légué un nombre très important d'ouvrages imprimés et de manuscrits, la plupart d'entre eux étant des livres d'édification religieuse, soit sous forme de traductions, soit sous forme de créations. Malheureusement, la religion, contrairement à ce qui s'est passé au pays de Galles, n'a pas servi la langue bretonne, même si un petit nombre d'ecclésiastiques ont largement répandu le slogan : *Ar brezhoneg hag ar feiz a zo breur ha c'hoar e Breizh* (le breton et la foi sont frère et sœur en Bretagne), le but de l'Église étant de sauver des âmes, non des langues.

Un pays quasi monolingue

La Basse-Bretagne, à l'exception des villes, fut quasi monolingue jusqu'à la Grande Guerre. Ce n'est plus le cas, loin s'en faut. La population brittophone a atteint son plus haut niveau au début du siècle dernier, où l'on comptait largement plus d'un million de locuteurs. Toute personne normalement douée de réflexion doit se poser cette question : comment se fait-il que, à peine un siècle plus tard, ce nombre soit tombé bien en dessous de la moitié, et que cette chute aille s'accélérant du fait que les locuteurs natifs appartiennent majoritairement au 3e âge ? Il va de soi que ceci n'est pas le fruit du hasard, et que la politique volontairement centralisatrice de l'État français, agissant comme un rouleau compresseur linguistique, s'est employée à niveler par le bas tout ce qui ne lui ressemblait pas, tout ce qui pouvait contrer son grand dessein unificateur qu'elle présente comme Le Modèle Universel : la sacro-sainte République-Une-et-Indivisible. Le breton, tout comme le corse et le basque, s'est vu pris dans une spirale d'oppression-répression d'une efficacité rare, d'autant plus efficace qu'elle a été subtilement menée, amenant les Bretons à considérer leur propre langue comme une sous-langue, leur culture comme une sous-culture et à se regarder eux-mêmes, partant, comme des sous-hommes…

Nous disions plus haut que la population brittophone a atteint son plus haut niveau au début du siècle dernier. Longtemps, une des revendications du mouvement breton fut que l'on recense les personnes qui parlent breton : en vain, les recensements français tiennent compte du nombre de téléviseurs dont vous disposez, mais pas de la langue que vous parlez. Mais aux États-Unis, où l'émigration bretonne fut importante, un sondage de 1970 évaluait les descendants de ces émigrants parlant breton à 32 722.

Un sondage fait par T.M.O. Ouest à l'initiative et sous le parrainage de *Ar Skol Vrezoneg*, ainsi qu'à la demande du *Télégramme* et de France 3, estimait en 1997 le nombre de personnes sachant parler le breton à 246 000 en Basse-Bretagne et à 300 000 ceux le comprenant (sondage réalisé sur un échantillon de 2500 personnes habitant à l'ouest d'une ligne Paimpol/ Vannes). Ces chiffres ne tenaient pas compte des locuteurs de Haute-Bretagne. Le récent ouvrage de Fañch Broudic *Parler breton au* XXIe nous donne des chiffres en baisse de 30 %, passant de 246 000 en 1997 à 195 000 en 2007 et prévoit un chiffre de 120 000 dans dix ans si l'évolution à la baisse continue sur la même pente. Face à ces chiffres, le nombre des écoles bilingues augmente, de même que les cours pour adultes, mais pas encore suffisamment pour enrayer cette chute de manière significative.

Le symbole

Comment amène-t-on un peuple à un tel auto-reniement ? Les instituteurs de la 3e République – ces hussards, tel qu'on les surnommait – furent de ceux qui menèrent une lutte sans merci contre la langue bretonne. La méthode la plus célèbre qu'ils mirent au point fut celle du « symbole », encore appelé « la vache ». Elle consistait à donner à l'élève surpris à parler sa langue maternelle – la seule qu'il connaissait en entrant à l'école – un vieux sabot, un clou rouillé, une ardoise percée ou tout autre chose humiliante qu'il devait généralement se suspendre au cou. Le but de cette infâme pendouillerie était de lui rappeler – ainsi qu'à ses camarades – qu'il s'était « oublié » en breton, comme on s'oublie dans sa culotte ainsi que le dit si justement Morvan Lebesque, dans *Comment peut-on être breton ?* Le seul moyen de se débarrasser de ce symbole était de trouver un autre gamin qui laissât échapper un mot de la langue interdite, et de lui refiler la chose… Celui qui, à la fin de la journée, se retrouvait avec, se voyait gratifié de punitions variées le retenant à l'école à la fin des cours. (à lire : *L'Histoire d'un interdit : le breton et l'école,* Claude An Du, éd. Hor Yezh.)

Cette redoutable pédagogie – outre qu'elle prédisposait à la délation – se voyait suivie d'un addendum punitif sous forme de taloches bien senties qui était généralement et généreusement assuré à la maison par des parents soucieux d'aider leur progéniture à grimper l'échelle sociale – entendez : à bien savoir le français, qu'eux-mêmes baragouinaient à grand-peine ou pas du tout.

On a peine à croire aujourd'hui qu'un peuple ait pu accepter de telles vexations sans se révolter, mais le fait est que les choses furent telles.

Logiquement, suite à cette politique d'éradication, la langue a petit à petit cessé d'être productrice de termes techniques adaptés au monde moderne. Et, « naturellement », les Bretons en déduirent que ce n'était pas un service à rendre aux générations suivantes que de leur transmettre un outil stérile, rejoignant ainsi la politique que les gouvernements français de tous bords avaient mis en place pour venir à bout de la langue bretonne. La boucle était bouclée.

Tangi Malmanche a fort bien analysé le processus d'abandon dans sa préface à *La vie de Salaun qu'ils nommèrent le fou* : « Langue de honteux, voilà la vérité. Et par suite, langue honteuse… Le Breton conserve précieusement, jalousement, indéfectiblement, comme de ses pères, l'héritage le plus cher et le plus sacré : la honte de sa langue. »

On ne peut taire non plus la trahison des élites bretonnes qui ne se sont guère souciées de la langue nationale : les derniers souverains bretonnants connus furent Hoël de Cornouaille (1066-1084) et Alain Fergant (1084-1112). Si le breton fut une véritable langue d'état jusqu'au XIIe siècle, il n'en fut plus de même après, où son devenir fut laissé aux uniques soins du bon peuple. Et c'est bien par réflexe de survie, voire par miracle, que notre langue est encore présente de nos jours et donne sens au vent qui sort des bouches bretonnes.

Florilège

L'intérêt que l'État français porte à la langue bretonne peut se mesurer à l'aune des petites phrases des dirigeants qui ont daigné en dire deux mots… Qu'on en juge :

Anatole de Monzie, ministre de l'Instruction publique, le 19 juillet 1925 : « pour l'unité linguistique de la France, la langue bretonne doit disparaître. »

Le ministre du Travail et de la Prévoyance sociale (qui deviendra ministre de la Justice) Albert Dalimier, déclara le 11 septembre 1932 : « La seule réponse à faire aux revendications linguistiques bretonnes, c'est d'emprisonner tous ceux qui les formulent[1]. » Il prononça cette phrase – qui a le mérite d'être claire ! – à Tréboul.

Georges Pompidou, président de la République, à Sarre-Union, le 14 avril 1972 : « Il n'y a pas de place pour les langues et les cultures régionales dans une France appelée à marquer l'Europe de son sceau. »

C'est Émile Combes, alors président du Conseil qui, en 1903, interdit aux prêtres la prédication en breton, sous peine de ne pas recevoir leur salaire[2].

Le souverainiste Jean-Pierre Chevènement, a lui cru bon de déclarer que « ce n'est pas rendre service à des enfants que de les enseigner dans une langue qui n'a pas d'avenir. » Quant à Monsieur François Mitterrand, qui était si soucieux des Droits de l'Homme quand celui-ci avait le bon goût d'habiter loin, il se garda bien de signer la charte européenne des langues minoritaires... Mieux, c'est sous sa présidence que fut signé l'article II de la Constitution faisant du seul français la langue de la République, et c'est justement en s'appuyant sur cet article II que Jacques Chirac avait refusé de faire ratifier la dite charte alors qu'il l'avait promis quelques mois auparavant lors d'un voyage à Kemper en 1996.

On ne peut accuser les dirigeants politiques français de manquer de constance ! Il est vrai que tout cela n'est guère nouveau : sous la Révolution, si l'Abbé Grégoire – qui repose maintenant au Panthéon – a beaucoup œuvré pour les Droits de l'Homme et s'est notamment illustré en combattant l'esclavage, il s'est tout aussi farouchement battu pour l'unité linguistique de la République, réservant au seul français en 1792 le nom de « langue de la liberté », tandis qu'en 1794 Barrère, au nom du Comité de Salut Public, déclara que « le fédéralisme et la superstition parlent bas-breton et le fanatisme parle basque » ! C'est cette époque de la Convention que l'on nomme « La Terreur Linguistique ».

Plus tard, les grands esprits culturels ne furent pas en reste, c'est ainsi que Victor Hugo écrit que le Breton parle « une langue morte, ce qui est faire habiter une tombe à sa pensée » (in *Quatre-vingt treize*) et Gustave Flaubert n'y vit « que de rauques syllabes celtiques mêlées au grognement des animaux et au claquement des charrettes » (in *Par les champs et les grèves*). « Ils vivaient dans leur langue pataude et leurs vêtements grossiers comme des espèces des Bas-Bretons... » (in *Les dix-neufs*

---

1 – Cité par : *Rétrospective* – Collection *L'esprit breton/ Ar spered broadel*, Beneat Al Lann, Imprimerie centrale de Bretagne, Rennes, 1946.

2 – *L'interdiction du breton en 1902 – La 3e République contre les langues régionales*, Fañch Broudic, éd. Coop Breizh.

Europe, Raymond Cartier). On doit à l'ineffable Jean Dutourd la sortie suivante : « Monsieur Lang ayant créé un Capes[1] de patois breton, pourquoi ne pas créer un Capes de mendicité ? Il y a une "culture" à préserver, comme on dit de nos jours » (in *France-Soir magazine,* n° 12 840, novembre 1985).
On pourrait multiplier ces petites phrases assassines qui jalonnent le cours de l'histoire conjointe de la langue bretonne et du pouvoir français... Il y aurait là matière à développer un bel essai sur la Liberté-Égalité-Fraternité vue du côté de la fille aînée de l'Église.
Pourtant, les revendications linguistiques bretonnes ne sont pas le fait d'une bande de marginaux : en 1938, les 3 conseils généraux de Basse-Bretagne et 346 conseils municipaux demandèrent que le breton soit enseigné à l'école ; seuls 50 conseils municipaux se prononcèrent contre.
Mentionnons, avant de clore ce chapitre, que le seul usage officiel que fit l'État français de la langue bretonne fut d'imprimer des affiches demandant aux Bretons de donner leur or en 1914 pour soutenir l'effort de guerre... Il fit également apposer, dans certains établissement publics, cet avertissement : « Il est interdit de cracher par terre et de parler breton. » Tout dans la délicatesse...

L'avenir de la langue bretonne

Tout conduirait donc inéluctablement à la mort du breton s'il n'existait pas, depuis tous temps, une partie du peuple breton qui ne se résout pas à la mort de sa langue.
Pas plus qu'elles ne naissent un beau jour, les langues ne meurent de mort naturelle : on les tue en interdisant leur enseignement, leur emploi dans la vie publique, dans les médias, et la mort d'une langue signifie la mort du peuple qui la parle. Car la langue est autre chose qu'un simple outil de communication, c'est l'âme d'un peuple, le moule de sa culture, des pensées des hommes qui le composent.
Il n'est pas de langue supérieure ou inférieure, plus riche ou moins riche qu'une autre. Il y a des langues qui ont « réussi » parce que victorieuses militairement et politiquement dans l'Histoire, et d'autres pour qui ce fut l'inverse... Pour autant, il ne viendrait plus à l'esprit de personne de sensé de nier le statut de langue au breton, bien que sa réussite politique soit loin d'être avérée. La langue bretonne ne doit sa survie qu'au combat quotidien de ses défenseurs. Pour ce qui est de la majeure partie des locuteurs de naissance (*native speakers*), ils parlent la langue bretonne non par choix, mais parce que c'est celle dans laquelle ils sont le plus à

1 – Capes : Certificat d'aptitude au professorat de l'enseignement secondaire.

l'aise. On ne peut donc pas parler de bilinguisme chez les Bretons, celui-ci ne pouvant être que consenti. Il y a diglossie, c'est à dire – pour parler simplement – rapport de langue dominante à langue dominée. Et l'Unesco classe la langue bretonne parmi celles qui sont en danger sérieux d'extinction.

L'ayant constaté, ceux qui le parlent par choix (qu'ils soient locuteurs de naissance ou qu'ils aient appris la langue bretonne sur le tard) luttent sans relâche pour donner à leur langue les moyens de son avenir. À ce jour, leur plus belle réussite dans ce domaine se nomme Diwan (terme qui signifie « germe » en breton), un réseau d'écoles dans lesquelles l'enseignement se déroule en breton. Que les choses soient claires, il ne s'agit pas d'enseigner le breton parmi d'autres matières, mais d'enseigner les matières scolaires en breton, ce qui est totalement différent et constitue un important espace de liberté linguistique reconquis. « Libérons l'esprit », disait Roparz Hemon, « le reste viendra tout seul. » Depuis sa création à Lampaul-Ploudalmézeau avec 5 enfants en 1977, Diwan a créé 43 écoles, 6 collèges, un lycée et scolarise près de 3 700 enfants en 2012.

L'Éducation Nationale, voyant un nombre grandissant de parents choisir le système pédagogique immersif de Diwan pour leurs enfants, a réagi la première en ouvrant sa propre filière bilingue en 1983, les parents et enseignants étant regroupé dans l'association Div yezh (« deux langues »). L'enseignement privé confessionnel l'a suivie en 1990, avec l'association Dihun (« éveil »). Mais il est très clair que, sans l'initiative des créateurs de Diwan, rien n'aurait vu le jour ni chez les uns, ni chez les autres. Et bien souvent, les classes bilingues de ces deux filières manquent d'instituteurs remplaçants… quand ce ne sont pas les intégristes jacobins de leurs propres syndicats qui leur mettent les bâtons dans les roues.

Toutes filières confondues, c'est plus de 14 000 jeunes qui reçoivent un enseignement bilingue en Bretagne à la rentrée 2012, qui vient d'enregistrer une augmentation de 5 % des effectifs.

Des cours de breton existent également dans le cursus scolaire « normal » ; ils sont assez souvent dispensés dans des horaires impossibles : repas, etc. L'aléatoire de leur existence fait que leur nombre est plus que difficile à cerner ; on estime que 8 000 élèves reçoivent une initiation dans le 1er degré, 5 000 dans les collèges et lycées et 700 dans les universités.

Les cours pour les adultes ne sont pas en reste. Les associations sont nombreuses qui dispensent des cours du soir ou organisent des stages. Elles sont toutes regroupées au sein de la fédération DAO, Deskiñ d'an oadourien (« enseigner aux adultes »). Ces cours sont dispensés sur plus de 149 communes et ont été suivis par plus de 4 500 personnes en 2012. Les formations longue durée (6 mois) attirent de plus en plus de gens qui trouvent ensuite des débouchés professionnels. Trois associations s'en partagent l'organisation : Roudour, Skol an emsav et Stumdi.

*****

La revendication linguistique bretonne est engagée sur d'autres fronts : ce n'est pas le seul système scolaire qui saurait sauver la langue bretonne. D'autres bénéfices ont été engrangés, notamment en matière de signalisation routière, où le nombre de panneaux indicateurs bilingues est en constante augmentation, tant sur les routes, qu'aux entrées des agglomérations et à l'intérieur de celles-ci. Ces bénéfices sont le résultat d'une campagne de masquage au coaltar des panneaux qui a été inaugurée dans les années 1980 par le mouvement Stourm ar Brezhoneg (Combat pour la langue bretonne) ainsi que de l'aide de plusieurs collectivités locales ; c'est maintenant un jeune mouvement du nom Ai'ta qui a pris le relais de la revendication active
Les chèques en breton font désormais partie du paysage et il est très rare qu'ils soient refusés, surtout depuis la perte d'un procès par la SNCF sur ce terrain. Le Crédit mutuel de Bretagne, qui édite ces chéquiers bilingues, a également mis à la disposition de ses clients des distributeurs bancaires trilingues : breton, français, anglais. Le Crédit Agricole s'y est mis aussi, mais uniquement dans le Finistère...

Certains élus ont beaucoup fait pour la langue bretonne, le plus emblématique d'entre eux étant sans conteste Jean-Yves Cozan (ex-vice-président de la Région Bretagne), surnommé « le député Diwan » pour son action en faveur des écoles du même nom. C'est également à lui que l'on doit la création en 1999 de l'Office de la langue bretonne, organisme cofinancé par la Région et l'État, qui emploie 20 personnes et dont les bureaux sont situés à Rennes, Carhaix, Nantes, Vannes et Cavan. Les financements publics de l'Office donnent un statut officiel à ses travaux. C'est aussi bien le monde de l'entreprise, le monde associatif que le monde administratif qui fait appel à l'Office pour tout ce qui est de la traduction en breton. Ce qui offre l'avantage et le sérieux d'un travail planifié. Les choix linguistiques de l'Office sont le résultat d'un travail collectif mené par groupes. Jean-Yves Le Drian, ancien président de la Région, a doté l'Office d'un statut d'Établissement public de coopération culturelle (EPCC). La campagne *Ya d'ar brezhoneg* lancée par l'Office en 2001 propose aux communes, entreprises, etc., de signer une charte les engageant à prendre des dispositions en faveur du breton : plus de 161 villes l'ont déjà signée et plusieurs dizaines sont sur les rangs...

L'édition

Plusieurs dizaines d'ouvrages en langue bretonne paraissent chaque année pour un lectorat qui s'élargit, notamment chez les jeunes, suite au succès de l'enseignement bilingue.
La richesse de l'édition en breton n'est d'ailleurs pas un phénomène nouveau et on peut considérer que les maisons actuelles, Al Liamm, An Here (disparue en 2006), Al Lanv, An Alarc'h, Mouladurioù Hor Yezh, Hor Yezh, Aber, Bannoù-heol, Brud Nevez, etc., sont toutes des descendantes directes de Gwalarn, mouvement littéraire fondé en 1925 par Roparz Hemon, que l'on reconnaît à juste titre comme le père de la littérature bretonne moderne. Il a révélé le talent de nombreux auteurs, parmi lesquels on peut citer Youenn Drezen, Jakez Riou, Kenan Kongar, Abeozen... Ses propres écrits, tant littéraires que linguistiques, comptent parmi les plus importants que l'esprit breton a produit. Des ouvrages tels que *Itron Varia Garmez* (Y. Drezen), *Geotenn ar Werc'hez* (J. Riou) et les poèmes de R. Hemon sont des œuvres majeures, dont aucun peuple n'aurait à rougir — ceci pour les anciens. Actuellement, Pêr Denez, Gwendal Denez, Alan Botrel, Tudual Huon, Goulc'han Kervella comptent parmi nos meilleurs auteurs et la sortie d'un de leurs ouvrages est toujours saluée comme un événement.

Un peuple analphabète

Mais si l'édition est florissante, elle se heurte à un obstacle de taille : le peuple breton est très majoritairement analphabète dans sa propre langue et n'a donc pas – ou très peu – accès à la production littéraire de langue bretonne. Et c'est au siècle où, paradoxalement, on publie le plus de breton, qu'on en lit le moins. Le monde intellectuel reconnaît la langue bretonne, il semblerait que le peuple veuille s'en débarrasser, comme d'un fardeau ; il convient toutefois de modérer ce jugement car les sondages disent qu'une très large majorité des Bretons considèrent qu'il faut sauver la langue bretonne : 88 % sont favorables à son enseignement, 77 % à la signalisation bilingue.
À l'analphabétisme en breton s'ajoute le fait que la langue du peuple tend à s'appauvrir alors que la langue des intellectuels investit sans cesse de nouveaux champs, s'enrichit tous les jours de néologismes et d'emprunts, creusant plus profondément le fossé entre la langue des locuteurs natifs et la production écrite qui aborde maintenant tous les sujets, de l'informatique à la bande dessinée en passant par la psychanalyse...

La presse est également présente sur plusieurs terrains, mais ses domaines de prédilection restent la lutte linguistique, la politique et la littérature. Et si *Arvor*, dans les années 1940, devint un hebdomadaire entièrement en breton, *Bremañ*, le journal actuel le plus lu de la presse en breton, en est toujours au stade mensuel. Seul *Ya* est hebdomadaire.

Radio et télévision

Le monde audiovisuel de langue bretonne fait figure de parent pauvre. Longtemps, l'indigence y fut de mise et tout y sentait le rabais. Mais un réveil récent fait que l'on assiste à la création de nouvelles radios, grâce au travail de quelques militants ; certaines de ces radios sont bilingues, d'autres fonctionnent entièrement en breton, mais bien souvent le manque de formation de leurs animateurs est flagrant et leurs moyens actuels ne leur permettent pas de s'améliorer. Les stations décentralisées de Radio-France, France Bleu Breizh Izel et France Bleu Armorique, produisent également quelques émissions en breton, mais les moyens qu'elles mettent à la disposition de leurs animateurs sont ridicules. Elles ne demandent même pas à tous leurs journalistes d'être bilingues comme le fait leur consœur France Bleu Radio Corse Frequenza Mora. Quant à France Bleu Loire Océan, c'est le néant le plus total sur toute la ligne.
Il est clair qu'à notre époque, aucune langue ne peut survivre et se développer si elle ne possède pas un réseau de médias couvrant tous les champs d'intérêts de ses locuteurs. Cela se vérifie surtout au niveau des jeunes qui souffrent d'un manque d'environnement linguistique breton moderne et attrayant.
Le service public de télévision régionale France 3 est à ce compte très loin de remplir son rôle, notamment en ce qui concerne les fictions ; les reportages et documentaires s'en tirant un peu mieux. Mais trop peu de choses sont faites pour les plus jeunes qui sont un peu laissés pour compte, au seul profit des anciens. En fait, tout est fait à France 3 comme si la langue bretonne devait s'éteindre avec la dernière génération de locuteurs de naissance, et il n'est guère tenu compte des jeunes générations qui suivent ou ont suivi les filières bilingues d'enseignement. On peut, sans exagération, parler de télé-morphine, d'accompagnement thérapeutique. Rappelons pour mémoire que, dans les années 1970, c'est 90 secondes hebdomadaires de breton qui étaient généreusement octroyées aux téléspectateurs bretons, quand l'émission n'était pas censurée ! Actuellement, un match de football, un tournoi de tennis sont encore une raison suffisamment valable pour supprimer l'émission !
On attendait beaucoup dans ce domaine de la création de TV Breizh... Las, ce fut un fiasco total !

Informatique et internet

L'informatique est un des domaines où la langue bretonne est la plus vivace. Plusieurs logiciels permettent de travailler dans un environnement entièrement en breton : OpenOffice, PackOffice, Thunderbird, Firefox, etc. L'encyclopédie Wikipedia compte environ 30 000 articles en breton, ce qui en fait la première langue celtique ; sur les 271 langues, le breton vient en 52e position. La seule chaîne de télévision entièrement en breton, Brezhoweb, est diffusé sur Internet et connaît un vrai succès. D'une manière générale, on peut dire que le breton sur internet est mieux loti que beaucoup d'autres langues officielles ou de grande diffusion.

En guise de conclusion

Peu de personnes oseraient maintenant le ridicule de se déclarer « contre » la langue bretonne ; mais si beaucoup de bons apôtres font mine d'être à son chevet, trop peu d'entre eux s'engagent résolument, et la transmettent encore moins à leurs enfants.
On voit même, depuis que l'on parle tant et tant de cette fameuse charte européenne des langues minoritaires, les ultrajacobins de tous poils serrer les rangs et hurler que la ratification de celle-ci serait un danger pour la République.
Les défenseurs de la langue bretonne ne remettent absolument pas le concept de république en question : ils disent tout simplement que ce concept n'est en aucune manière un synonyme du mot France, et que la langue bretonne a droit de vie comme toutes les autres. C'est tout.

*****

Le mouvement culturel breton, s'il peut apparaître fragmenté dans sa composition, est en fait relativement uni dans un seul et même but : la sauvegarde de la langue, qu'il considère comme le point d'identification le plus fort de la culture bretonne. Il regarde beaucoup vers le pays de Galles où le combat linguistique se porte mieux qu'ici, et surtout vers la Catalogne, où le même combat linguistique est gagné grâce, il est vrai, à un soutien économique sans faille. Ces deux pays constituent des phares pour la Bretagne qui continue à mener son propre combat linguistique avec des chances réelles de réussite si tout le monde y met du sien.
La place de la Bretagne est bien dans l'Europe d'aujourd'hui, l'Europe des régions, où chaque culture sera respectée et respectera l'autre. Plus que jamais la phrase de Yann-Bêr Piriou reste vraie : *Kement ger, kement lavar en hor yezh zo un akt a feiz en amzer da zont* (chaque mot, chaque phrase dans notre langue est un acte de foi dans l'avenir).

Carte des pays bretons

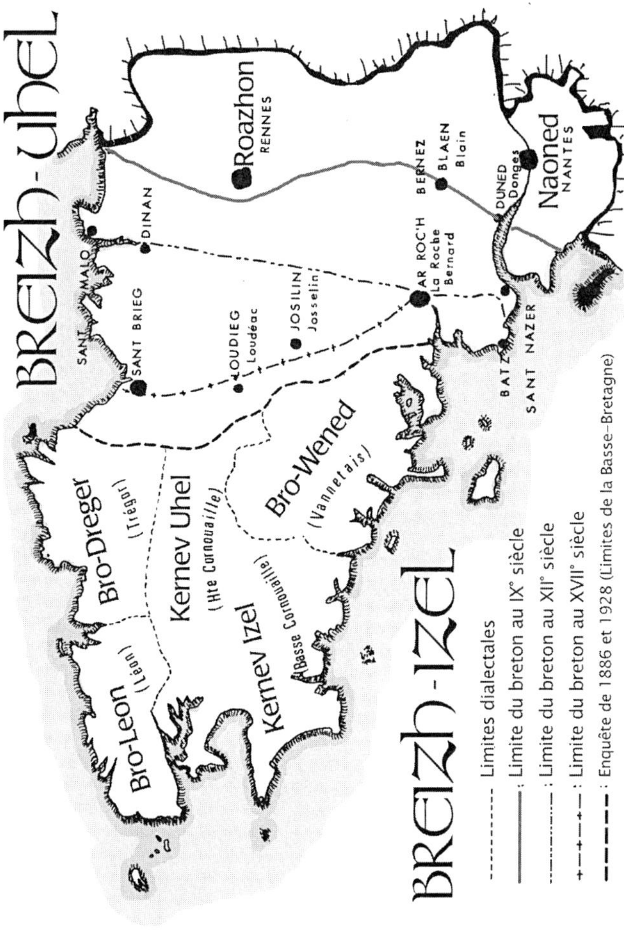

Carte extraite du livre :
La langue bretonne face à ses oppresseurs, p. 24.

Carte des pays celtiques

Carte extraite du livre :
La langue bretonne face à ses oppresseurs, p. 171.

Tableau comparatif de quelques termes celtiques

français	breton	cornique	gallois	irlandais	écossais
chaise	kador	cadar	cadair	cathaoir	cathair
cheval	marc'h	margh	march	capall	each
Dieu	Doue	Duy	Duw	Dia	Dia
feu	tan	tan	tân	tine	teine
fille	merc'h	myrgh	merch	iníon	nighean
fils	mab	map	mab	mac	mac
eau	dour	dour	dŵr	uisce	uisge
main, poing	dorn	darn	dwrn	dorn	dòrn
monde	bed	bys	byd	bith	bith
temps	amzer	amser	amser	aimsir	aimsir
bleu, vert	glas	glas	glas	glas	glas
noir	du	duw	du	dubh	dubh
pomme	aval	aval	afal	úll	ubhal

Bibliographie

Méthodes d'apprentissage, grammaires et dictionnaires

Brezhoneg buan hag aes (Le breton vite et facile)
Pêr Denez – éd. Omnivox (versions disponibles en anglais, allemand, gallois, catalan et espéranto aux éd. Mouladurioù Hor Yezh)
Ni a gomz brezhoneg (Nous parlons breton)
Mark Kerrain – éd. TES
Brezhoneg
Nikolaz Davalan – éd. Skol an Emsav
Herve ha Nora (Hervé et Nora)
Armañs ar C'halvez – éd. Mouladurioù Hor Yezh
Méthode rapide de breton
Roparz Hemon – éd. Al Liamm
Le breton de poche
Divi Kervella – éd. Assimil
Le breton pour les nuls
H. Bihan, Gw. Denez, M. Ménard – éd. First
Petite grammaire du breton moderne
Yann Desbordes – éd. Mouladurioù Hor Yezh
Grammaire bretonne
Roparz Hemon – éd. Al Liamm
Dictionnaire français-breton
Martial Ménard – éd. Palantines
Dictionnaire breton-français / français-breton
Roparz Hemon, Ronan Huon – éd. Al Liamm
Dictionnaire breton-français / français-breton
Éd. Mouladurioù Hor Yezh
Geriadur brezhoneg An Here
Dictionnaire monolingue breton
Éd. An Here
Dictionnaire classique français-breton (10 tomes)
René Le Gléau – éd. Al Liamm

Ouvrages en breton de lecture facile
(écrits spécialement à destination des débutants)

Ho kervel a rin en noz
Roparz Hemon – éd. Al Liamm

Danevelloù divyezhek / Nouvelles bilingues
Éd. Al Liamm
Santez Dahud
Roparz Hemon – éd. Hor yezh

Ouvrages concernant la langue bretonne

Une culture bretonne pour le XXe siècle
Éd. Institut culturel de Bretagne
La Bretagne, une langue en quête d'avenir
Pêr Denez – éd. Bureau européen pour les langues les moins répandues
Plus de breton ? Conflit linguistique en Bretagne rurale
Eva Vetter – éd. An Here
Le Breton, la trame d'une langue
Jean-Yves Urien – éd. Mouladurioù Hor yezh
Permanence de la langue bretonne, de la linguistique à la psychanalyse
Éd. Institut culturel de Bretagne
La langue bretonne et l'école républicaine
Yves Griffon – éd. Tir / CRBC
L'État face à la langue bretonne
(article n°4 da la revue *Klask*)
Valérie Lachuer – éd. PUR
Pleins feux sur la langue bretonne
Herve Abalain – éd. Coop Breizh
Parler breton au XXIe siècle
Fañch Broudic – éd. Emgleo Breiz
Le breton, langue d'Europe
Éd. Office de la langue bretonne
Ce que vous avez toujours voulu savoir sur le breton
L. Buannic – éd. du Temps

Adresses utiles

Cours et stages de breton

Deskiñ d'an Oadourion (DAO)
Fédération regroupant tous les organismes de cours de breton
Pgz 0820 20 23 20 – contact@dao-bzh.org – dao.breizh.free.fr

Mervent
Plasenn Amiral Ronarc'h, BP 29 – 29720 Plouneour-Lanwern
Pgz 02 98 87 72 41 – mervent@wanadoo.fr
Roudour
Hent berrien, BP 24 – 29690 An Uhelgoat
Pgz 02 98 99 75 81 – www.roudour.com
Skol an Emsav
8, straed Hoche – 35000 Roazhon
Pgz 02 99 38 75 83 – sae.bzh@wanadoo.fr – www.skolanemsav.com
Stumdi
Maner Keranden – 29800 Landerne
Pgz 02 98 21 39 94 – www.stumdi.com
KEAV
22, Hent Moulioüen – 29000 Kemper
Pgz 02 98 95 59 31 – www.keav.org
An Oaled
14, straed an Ti-Kêr – 29870 Treglonou
Pgz 02 98 04 07 04 – anoaled@wanadoo.fr – www.anoaled.com
Sked
18, straed Duguay-trouin – 29200 Brest
Pgz 02 98 80 26 71 – sked.infini.fr
Skol Ober (cours par correspondance)
Straed Louzaouenn-an-hañv – 22300 Lannuon
Pgz 02 96 48 03 00 – kab@brezhoneg.org – www.skolober.com
Sav-Heol
(cours de breton sur internet en français, anglais, espagnol et allemand) www.kervarker.org

Maisons d'édition en langue bretonne

Aber
115, Kergareg– 29870 Landeda
pkermoal@wanadoo.fr – www.aber-bzh.info
An Alarc'h
Straed Louzaouenn-an-hañv – 22300 Lannuon
Pgz 02 96 48 03 00
Al Lanv
59, hent Kerdronioù Vihan – 29000 Kemper
Pgz 02 98 94 60 99
al-lanv@wanadoo.fr – allanv.microopen.org

Al Liamm
Straed Louzaouenn-an-hañv – 22300 Lannuon
Pgz 02 96 48 03 00 – www.alliamm.com
Bannoù-Heol
140, hent Pont-'n-Abad – 29000 Kemper
Pgz 02 98 64 58 96 – contact@b-heol.com – bannouheol.free.fr
Hor yezh
Straed Louzaouenn-an-hañv – 22300 Lannuon
Pgz 02 96 48 03 00 – horyezh@brezhoneg.org – horyezh.microopen.org
Keit Vimp Bev
22, Grand Rue – 29520 Laz
Pgz 02 98 26 87 12 – Keit-vimp-bev@wanadoo.fr – keit-vimp-bev.info
Mouladurioù Hor Yezh
Straed Louzaouenn-an-hañv – 22300 Lannuon
Pgz 02 96 48 03 00
Ti Embann ar Skolioù (TES)
30, straed A. Brizeux – 22015 Sant-Brieg cedex – Pgz 02 96 68 14 50
tes@ac-rennes.fr – wwwcrdp.ac-rennes.fr/crdp/services/tes

Organismes et associations de défense et de promotion du breton

Ai'ta
ai.ta.breizh@gmail.com – www.ai-ta.eu
Dastum
16, rue de la santé – 35000 Roazhon
Pgz 02 99 30 91 00 – www.dastum.net
Dihun
(Association des parents d'élèves pour l'enseignement du breton dans les écoles privées)
72, rue des 2 frères Texier la Houlle – 56000 Gwened
Pgz 02 97 40 70 92 – dihun.breizh@freesbee.fr – www.dihun.com
Div Yezh / APPEEB
(Association des parents d'élèves pour l'enseignement du breton dans les écoles publiques)
10, rue Abbé Gibert – 22110 Rostren
Pgz 02 96 29 23 33 – www.divyezh.fr
Diwan
BP 147, TA Sant-Ernel – 29411 Landerne cedex
Pgz 02 98 21 33 69 diwan.breizh@wanadoo.fr – www.diwanbreizh.org

Skol-Uhel ar Vro / Institut Culturel de Bretagne
6, straed Porte Poterne – 56000 Gwened – Pgz 02 97 68 31 10
icb.suav@wanadoo.fr – www.institutcultureldebretagne.com
Kuzul ar brezhoneg / Conseil de la langue bretonne
Straed Louzaouenn-an-hañv – 22300 Lannuon
Pgz 02 96 48 03 00 – kab@brezhoneg.org – www.brezhoneg.org
Ofis ar brezhoneg / Office de la langue bretonne
www.ofis-bzh.org
10 straed Naonediz – 35000 Roazhon
Pgz 02 23 44 04 30 – ofisr.bzh@wanadoo.fr
8, straed Félix-Faure – 29270 Karaez
Pgz 02 98 99 30 10 – ofisk.bzh@wanadoo.fr
17, straed Anvours – 44000 Naoned
Pgz 02 51 82 48 35 – ofisn.bzh@wanadoo.fr
Ti ar brezhoneg
22 straed Delambre – 75014 Paris – Pgz 01 43 35 26 41
tiarbrezhoneg@gmail.com – www.tiarbrezhoneg.co.cc
Unvaniezh ar gelennerien brezhoneg / Association des professeurs de breton – www.ugbrezhoneg.com
2, hent Kreiz ar vourc'h – 29270 Sant-Hern – ugb.mail@free.fr

La langue bretonne dans les médias

Radio

Arvorig FM
Plasenn an iliz – 29450 Kommanna
Pgz 02 98 78 02 14
arvorigfm@libertysurf.fr – www.arvorigfm.com
France Bleu Armorique
14, bali janvier – 35031 Roazhon – Pgz 02 99 67 43 21
bleuarmorique@radiofrance.com – www.bleuarmorique.com
France Bleu Breizh Izel
12 straed Falkirk, BP 1119 – 29101 Kemper cedex
Pgz 02 98 53 65 65 – bleubreizizel@radiofrance.com
www.bleubreizizel.com
Radio Bro Gwened
Kae plessis, BP 186 – 56308 Pondi
Pgz 02 97 25 14 00 / plr 02 97 27 85 22
Radio.bro.gwened@wanadoo.fr – www.radio-bro-gwened.com

Radio Kerne
23, straed Laeneg – 29710 Ploneiz
Pgz 02 98 91 05 00 – radio.kerne@free.fr – radiokerne.antourtan.org
Radio Kreiz Breizh
Bourk – 22160 Sant-Nigouden
Pgz 02 96 45 75 75 – rkb-infos@orange.fr
RCF Rivages
Keraodren – 29200 Brest
Pgz 02 98 34 66 00 – rcf.rivages@wanadoo.fr – www.rcf.fr

TÉLÉVISION

France 3 Breizh
9, bali Janvier, BP 3153 – 35031 Roazhon cedex
Pgz 02 99 01 78 58 – www.france3.fr
France 3 Iroise
Straed Frédéric Le Guyader – 29287 Brest cedex
Pgz 02 98 43 51 60

JOURNAUX, REVUES EN BRETON

Al Lanv
59, hent Kerdronioù Vihan – 29000 Kemper
Pgz 02 98 94 60 99 – al-lanv@wanadoo.fr – allanv.microopen.org
Bremañ
25, straed Pierre-Martin – 35 000 Roazhon
Pgz 02 99 38 75 83 – lizhiri@breman.org – www.breman.org
Louarnig / Rouzig (pour les enfants)
22, Grand Rue – 29520 Laz
Pgz 02 98 26 87 12 – Keit-vimp-bev@wanadoo.fr – keit-vimp-bev.info

PRESSE GÉNÉRALE

La petite école du breton – Dimanche Ouest-France
Le Télégramme

Du même auteur

Aux éditions An Here
Alc'hwez bras ar baradoz vihan
(dictionnaire érotique breton)
Geriadur brezhoneg
(dictionnaire monolingue breton, en collaboration)
Petit dico des plus belles injures bretonnes

Aux éditions Coop Breizh
Petit dico des plus belles injures bretonnes (réédition)
Petit florilège des expressions populaires bretonnes
Petit dico de la fête en Bretagne
Petit dico érotique du breton
Mon premier dictionnaire breton-français

Aux éditions Palantines
Dictionnaire français-breton (50 000 entrées)

Dans la même collection

Impression Roudenn Grafik, Guingamp – Plérin (22) en janvier 2020
pour le compte des éditions Coop Breizh.
Dépôt légal 4e trimestre 2009.